VICTOR ADVIELLE

LE
SIÉGE D'ARRAS

EN 1640

D'APRÈS LA *GAZETTE* DU TEMPS

ARRAS | PARIS
Typ. SCHOUTHEER | Lib. CHOSSONNERY
RUE DES TROIS-VISAGES, 53 | QUAI DES GRANDS-AUGUSTINS, 47

1877

BIBLIOTHÈQUE ARTÉSIENNE. N° 1

LE SIÈGE D'ARRAS EN 1640

D'APRÈS LA *GAZETTE* DU TEMPS

Par M. VICTOR ADVIELLE, d'Arras

Membre du Conseil général de la Société française d'Archéologie pour la Conservation des Monuments, de l'Académie et des Commissions du Musée et de la Bibliothèque d'Arras, des Sociétés des Antiquaires de la Morinie, de la Normandie, de l'Ouest, du Centre, de l'Académie delphinale, du Cercle artistique d'Anvers, de la Société de l'histoire de la Patrie, de Palerme, de l'Association nationale des Lettres, Sciences et Beaux-Arts de Naples, Lauréat de plusieurs Sociétés savantes, Commandeur et Chevalier de plusieurs ordres, Officier d'Académie.

ARRAS
H. SCHOUTHEER
RUE DES TROIS-VISAGES, 53

PARIS
LIB. CHOSSONNERY
QUAI DES GRANDS-AUGUSTINS, 47

1877

DU MÊME AUTEUR

En VENTE a la LIBRAIRIE CHOSSONNERY

47, Quai des Grands-Augustins, PARIS

PRESQUE TOUS MES OUVRAGES, AU NOMBRE DE 45, SONT ÉPUISÉS. IL NE RESTE PLUS QUE QUELQUES EXEMPLAIRES DE CEUX CI-APRÈS :

Nécrologe du fort Saint-François, d'Aire-sur-la-Lys, et des Compagnies détachées de l'Hôtel royal des Invalides. In-12.	2 »
Mémoire sur les Manuscrits héraldiques de P. Waignart, d'Abbeville. Br. gr. in-8.	1 50
Les Beaux-Arts en Rouergue a diverses époques. Mémoire couronné par le Jury des Jeux Floraux de Rodez. In-4	10 »
Notice sur l'Hospice d'Aubrac, en Rouergue, fondé vers 1100, par Adalard, Seigneur flamand, au retour d'un voyage à Saint-Jacques en Galice; suivie de l'examen critique des titres de fondation. *Bruges*, 1874, in-8 . .	3 »
Formulaire d'Arrêtés préfectoraux. Grand in-8. . . .	12 »
Les Droits et les Devoirs des Conservateurs et des Administrateurs des Bibliothèques Communales. 1874, in-8	2 »
Questions de Droit relatives aux Bureaux de Bienfaisance. 1874, in-8	2 »
Etude sur l'Administration en Savoie avant et depuis l'annexion. In-8.	2 »
Du Bénéfice-Cure en Savoie sous les régimes sarde et français. Br. in-8	1 »
Christophe Plantin a-t-il connu le Clichage typographique ? Br. in-folio	5 »
Lettres et Poésies inédites de Voltaire, adressées à la Cour de Prusse, publiées d'après les originaux de la Bibliothèque royale de Stockholm. In-12	5 »
Description du Berry et diocèse de Bourges au XVIe siècle (d'après le manuscrit de N. de Nicolay). In-8	5 »
Biographie de l'abbé J. H. R. Prompsault, Jurisconsulte ecclésiastique, Chapelain des Quinze-Vingts. In-8, portrait	2

L'HISTOIRE de la ville d'Arras est poignante et douloureuse. Ce n'est, à travers les âges, qu'une suite non interrompue de siéges, de batailles, d'émeutes et d'exécutions sanglantes ; et quant on lit dans les vieux textes, le récit de ces abominations, l'on se demande avec anxiété si quelquefois l'autorité n'est point le mal. C'est elle, en effet, qui, à diverses reprises, exile nos ancêtres, les pressure, les humilie, lorsquelle ne livre pas leurs têtes aux mains hideuses du bourreau. Si quelque jour — et ce jour est proche, j'en ai l'espoir — l'un des nôtres écrit avec tous les développements qu'elle comporte, l'histoire de notre chère cité d'Arras, il aura de belles pages à consacrer à ceux qui en ces temps où la force primait absolument le droit furent fidèles à la foi jurée, à ceux qui furent les gardiens vigilants de nos libertés et franchises municipales, à ceux qui surent si souvent les faire respecter, même les armes à la main ; à ceux, enfin, qui, lors des siéges et des séditions, perpétuèrent la tradition glorieuse des grandes qualités des peuples Atrébates. Cette énergique persévérance, cet entêtement raisonné qui fait le fond du caractère artésien, s'est accentué bien des fois, notamment lors du siége mémorable de 1640 ; et si aujourd'hui, à près de trois siècles de distance, le bon sens nous commande à tous d'applaudir à notre réunion à la France, la vérité historique nous fait un devoir impérieux d'honorer grandement ceux de nos ancêtres, qui, à cette époque, défendirent vaillamment les remparts de la ville d'Arras contre les armées réunies de Louis XIII. Il ne faut pas oublier, au reste, que l'occupation espagnole, fut une époque de prospérité pour l'Artois; que les Français, qui, sous Louis XI, avaient chassé d'Arras tous les habitants, y étaient abhorrés, et avec raison ; — et que, jusqu'aux dernières années du XVIIIe siècle, le peuple artésien avait conservé dans son cœur reconnaissant le souvenir « du doux et « paternel gouvernement des archiducs Albert et Isa- « belle (1). »

La prise d'Arras par Louis XI fut la ruine de ses illustres ateliers de tapisseries ; (2) la prise d'Arras par Louis XIII fut l'anéantissement complet de son commerce et de son industrie. A en juger, par les dernières expositions locales, qui furent si brillantes, l'avenir serait plein de promesses et d'encouragements pour notre chère cité. Les efforts de la municipalité et des principaux industriels tendent à rendre à la ville

---

(1) Comte d'Héricourt. — M. le comte Gabriel de Hauteclocque, a publié, récemment, dans les Mémoires de l'Académie d'Arras, une étude fort remarquable sur cette époque.

(2) Voir le savant ouvrage de M. le chanoine Van Drival, sur les *Tapisseries d'Arras*. — *Arras, Schoutheer, éditeur.* In-8.

d'Arras son ancienne splendeur commerciale (1) et le temps n'est pas éloigné, je l'espère, où cette ville sera, à l'exemple d'Anvers, avec laquelle elle se trouve naturellement reliée, l'une des cités du Nord de la France les plus florissantes pour le négoce, les sciences, les lettres et les beaux arts.

Le siège d'Arras fut entrepris par Louis XIII, à la sollicitation de Richelieu, en vue d'abaisser la Maison d'Autriche, alors toute puissante.

Dès le mois de janvier 1640, le Roi adressa donc ses instructions préliminaires aux maréchaux de La Meilleraie, de Chatillon et de Chaulnes, et fit avancer leurs troupes, dans la direction du Nord, mais sans but apparent bien déterminé. Il leur recommanda en même temps d'augmenter leur effectif, de compléter leurs approvisionnements, et de se tenir prêts à entrer en campagne. Au mois de Mai suivant, les instructions du Roi furent plus précises, mais elles n'étaient encore qu'à l'état d'incubation. On questionnait, on demandait conseil. Il était seulement question alors de faire le siège des villes d'Aire, de Béthune, de Cambray. Quant à Arras, l'importance de la ville, sa situation comme tête de frontière, exigeait un plus grand déploiement de forces, car l'on s'attendait à une vigoureuse résistance, le peuple d'Arras, disait-on, tenant parti pour les Espagnols, auxquels il était profondément dévoué. Sur ce point, l'opinion du Roi ne

---

(1) J'ai recueilli de nombreux matériaux pour un travail que je publierai sous ce titre : *Histoire du Commerce d'Arras, aux XVIIe et XVIIIe siècles, d'après des documents inédits.*

différait pas de celle de Richelieu, le grand instigateur de l'affaire, et de celle des principaux personnages de la Cour. C'était aussi l'avis des Maréchaux, et ils estimaient que pour investir et prendre Aire et Arras, il leur fallait une armée d'au moins 20,000 hommes d'infanterie de bonnes troupes et 6,000 cavaliers ; et encore, demandaient-ils à être protégés au Nord et à l'Est par d'autres armées. La réponse du Roi ne se fit pas attendre. Il donnait l'ordre aux maréchaux de Chatillon et de Chaulnes, de se diriger vers Béthune ; et deux jours après, la Meilleraie était invité à se joindre à eux : l'investissement d'Arras était décidé.

En six jours de marche, les armées de Châtillon et de Chaulnes, avaient traversé la Picardie et l'Artois, campé à Hesdin, puis à Nédonchel, puis enfin à Bruay, village situé entre Béthune et Saint-Pol, et elles s'emparaient sans coup férir du château-fort de ce lieu. — Le 15 Juin, le guetteur du beffroi d'Arras sonna l'alarme : c'étaient les armées réunies de Châtillon, de de Chaulnes et de la Meilleraie qui s'avançaient, les deux premières par les hauteurs du mont Saint-Eloy, la troisième par la route de Cambrai.

Arras était investi.

Mais la population veillait en armes ; on courut aux remparts ; on organisa la défense et l'on se prépara virilement à toutes les souffrances d'un siége long et meurtrier.

D'énormes travaux des fortifications furent alors immédiatement commencés par les assiégeants, leurs troupes furent protégées par un large et profond fossé d'une circonférence de cinq lieues ; et chaque jour d'énormes convois d'engins, de vivres, d'instruments de tout genre, qu'on apercevait des remparts, arrivèrent dans les camps de la ville investie.

On dit que si les Maréchaux avaient suivi le conseil du parti des *jeunes*, qui voulaient immédiatement attaquer les faubourgs, Arras surpris, eût capitulé sans résistance sérieuse.

Mais ce conseil ne prévalut point; et le siége continua.

Les assiégés commirent, en cette circonstance, une faute grave, excusable seulement parce qu'on l'a commise dans tous les siéges, même dans le dernier siége de Paris, celle de conserver (1) ce qu'on nomme les bouches inutiles.

Aussi, pouvait-on prévoir psychologiquement que la durée du siége serait égale à la durée des approvisionnements.

Néanmoins, les armées assiégeantes tentèrent, par tous les moyens, de précipiter le dénouement de ce drame immense, qui, comme pour presque toutes les villes assiégées, devait finir par une capitulation.

Il faut dire à la louange des Magistrats de la ville et des édiles de la cité, que leur patriotisme égala en ces circonstances leur attitude et leur courageuse résistance. Et bien qu'ils combattirent les troupes françaises, aujourd'hui les nôtres, la vérité historique, qui sera toujours notre guide, nous fait encore un devoir, de mentionner ici avec éloge, la conduite du valeureux

---

(1) Mais qu'en faire? Et où les envoyer? Et comment assurer leur subsistance?

J.-B. du Val, sieur de Berles, « qui pendant toute la durée du siège (1) fit preuve d'une fidélité inaltérable, et rendit de si grands services que l'on s'étonnait qu'il pût résister à tant de veilles, tant de peines et tant de fatigues. »

Quant aux soldats de la garnison, ils furent ce que sont en tout temps des mercenaires, indisciplinés et ravageurs (2), et leur attitude, lors de la disette d'argent qui se fit bientôt sentir, est loin d'être honorable pour leur mémoire. Il serait injuste, néanmoins, de ne pas reconnaître qu'ils se conduisirent vaillamment, les Croates surtout, en plusieurs circonstances.

Quoiqu'il en soit, le siége continua avec des alternatives de succès et de revers, et plusieurs fois les assiégeants conçurent l'espoir d'être délivrés. Des détachements Espagnols vinrent, en effet, à leur secours et tentèrent, successivement, le passage des lignes françaises. Une fois, notamment, ils firent payer cher à Rantzau, son courage et sa témérité. De leur côté, les assiégés firent des sorties et tombèrent à l'improviste sur *l'ennemi*, mais sans jamais pouvoir rompre les lignes.

Il faut citer ici la fort courageuse entreprise du général espagnol Lamboi, qui, pendant le siège, harcela l'armée

---

(1) D'Héricourt : *Les Sièges d'Arras*, page 173.
(2) Voici de tristes passages que nous relevons dans la *Gazette* de 1640 :

— « Toutes nos armées sont en pays ennemy » — (16 Juin).
— « Nostre armée après avoir fait le desgats aux environs
« de Dole, séjourna quelques jours à Rochefort pour y faire le
« mesmes degast » — (7 juillet).

française sur ses derrières avec 8,000 Espagnols et ne put-être vaincu, enfin, à la suite de plusieurs combats meurtriers, que par le maréchal de la Meilleraie lui-même, après la résistance la plus énergique et la plus désespérée.

C'est à l'ouvrage si intéressant de M. le comte d'Héricourt, notre ami et notre maître, c'est aux relations du temps, notamment à celles ci-après, qu'il faut maintenant recourir, pour connaître en détails, les péripéties de la fin du siége d'Arras.

Nous les résumons ici succinctement :

Le 4 juillet, la tranchée fut ouverte devant Arras, par la Compagnie des Gardes Françaises.

Le 5, les assiégés tentèrent une sortie. En même temps l'armée espagnole vient au secours d'Arras. La Meilleraie, part pour la combattre.

Du 5 au 30, ce ne fut que tentatives désespérées d'attaques et de résistance, que saccagement des édifices extérieurs, que brûlement des édifices et des maisons de la ville.

Le 30, eut lieu une importante sortie des bourgeois armés, et dont le résultat fut la prise d'assaut de la batterie de Saint-Nicolas, mais qu'on dût bientôt abandonner, à l'arrivée du régiment de Champagne (1).

L'armée française qui investissait Arras était à cette époque décimée par la famine ; et, malgré les plus vives instances des Maréchaux, elle parvenait difficilement

---

(1) Sur la part de ces troupes au siège d'Arras, voir l'ouvrage suivant :—*Histoire du Régiment de Champagne*, par Roux de Rochelle. Paris, 1839, in-8.

à se ravitailler. Il y avait bien, en Picardie, un important convoi de vivres prêt à partir, mais on n'osait point le faire avancer. Cette situation était connue des Arrageois, qui alors reprenaient courage; mais Richelieu, comprenait à merveille que de la prise d'Arras dépendrait tout le succès de la campagne, Il redoubla donc d'efforts, de détermination et ordonna à du Hallier et à La Ferté-Imbaut de s'avancer vers l'Artois, et de protéger le convoi qu'on destinait aux assiégeants. C'était 16,000 hommes environ, de troupes fraîches, qu'on lançait de nouveau contre la capitale de l'Artois. Bientôt toute la Maison du Roi se joignit aux troupes, et le fameux convoi, si désiré d'un côté, si redouté de l'autre, pût parvenir jusque sous les murs d'Arras, non sans encombre, car les Espagnols mirent tout en œuvre à ce moment décisif pour délivrer Arras.

On guerroya encore de part et d'autre jusqu'à cette fameuse journée, où les Espagnols, après un combat glorieux de trois heures, durent battre en retraite, mais en bon ordre, laissant sur le terrain 2,000 des leurs et ayant tué à *l'ennemi* 1,000 soldats et 400 officiers.

Le 3 août, les Maréchaux de France, sommèrent de se rendre « les gouverneur, mayeur, conseil et habi- « tants de la ville d'Arras, » les menaçant de « *tous actes d'hostilités* » s'ils s'y refusaient. Arras refusa hautement de capituler, tant était grand encore l'espoir d'un secours opportun. Mais le 6 août, le Maréchal de Châtillon, fit jouer une mine si heureusement qu'elle ouvrit une large brèche dans un bastion de la porte Saint-Nicolas. C'en était fait d'Arras et de sa population si brave, si courageuse. La panique s'empara de presque tout le monde ; les dernières ressources furent gaspillées ; et quand arriva l'heure fatale, la bourgeoisie et les artisans, qui voulaient résister à outrance, apprirent que déjà le Conseil de ville et les Notables traitaient avec les Français de la reddition de la ville. Cette reddition eut lieu, après de fort longs pourparlers, le 9 août 1640.

Depuis cette époque Arras n'a plus cessé d'appartenir à la France.

LE SIÉGE D'ARRAS EN 1640

d'après la *Gazette* du temps

E but de cette publication a été de faire revivre dans le souvenir des Arrageois, les principaux faits du siège de 1640; mais aussi de rééditer la partie de la rarissime *Gazette* qui concerne ce siège.

Il n'existait en France, à cette époque, qu'un seul journal, et encore ne datait-il que de quelques années. Ce journal avait pour titre : *Gazette* (1). Il se composait de 4 (ou de 8) pages in-4, et ne ressemblait en rien aux journaux de notre temps. Il ne contenait, en effet, à peu près que des nouvelles étrangères et quelques détails de Cour. On apprenait, par ce journal, qu'on se battait en tels et tels pays, que la princesse de *** avait dansé élégamment un menuet, que le Roi avait nommé tel personnage à telle abbaye, et c'était à peu près tout. Par ci, par là, on rencontre des insanités de ce genre : « Et pource qu'il faut
» conserver la mémoire perpétuelle des premières actions
» de Monseigneur le Daufin : vous sçaurez à quel point de
» gentillesse il est : ayant en ce bas âge, par l'ordre de S.
» M. receu des mains du Sr de Montramé du Tillet, l'vn

---

(1) Il est assez curieux d'avoir ici à noter, après Eugène Hatin (*Bibliographie de la presse périodique française*. 1866, p. XLVIII) que le mot *gazette* se rencontre pour la 1re fois, dans un opuscule imprimé à Arras, en 1600, et intitulé : ***La Flandre conservée***.

» des Maistres d'Hostel du Roy, estant lors en quartier,
» la serviette qu'il donna à Sa Majesté se mettant à table
» avec vne adresse qui ravit d'admiration toute l'assis-
» tance. » Quant au reste de la nation, on semblait vraiment ne pas s'apercevoir qu'elle existait. C'était toujours cette hideuse Histoire-Bataille, si spirituellement flagellée par Alexis Monteil.

La *Gazette* avait été fondée en 1631, par un médecin nommé Renaudot, et l'on peut juger par sa *Requeste au Roy* de l'extrême difficulté qu'il avait à se procurer des nouvelles.

Néanmoins, si l'on tient compte des exigences du temps, des sévérités de la censure, il faut reconnaître que pour l'année 1640, Renaudot fut bien informé. Le siége d'Arras occupe, en effet, un certain nombre de numéros entiers de son journal.

Nous les reproduisons ci-après, d'après l'exemplaire, bien complet et collationné, que nous possédons.

Il était d'autant plus utile de faire cette réédition, qu'il n'existe plus en Europe que trois collections complètes de la *Gazette* de Renaudot; que les années séparées sont devenues elles-mêmes excessivement rares; et que le volume de l'année 1640, particulièrement, est absolument introuvable.

Pour les historiens et les collectionneurs, cette réédition sera encore d'autant plus précieuse, que les documents qu'elle renferme avaient, en raison même du degré de rareté du livre, échappé aux recherches de la plupart de nos historiens, de M. d'Héricourt, notamment.

Victor ADVIELLE.

Paris, rue du Pont-de-Lodi, 1.
21 *Juillet* 1876.

EXTRAITS DE LA GAZETTE

D'Hesdin, le 25 Ianvier 1640.

La semaine passée, les Espagnols du Païs-bas firent vne assemblée de toutes les garnisons des villes voisines de celle de Hesdin, pour essayer quelque surprise; mais apprenans que les nostres en estoient avertis, ils changérent leur entreprise qu'on croyoit aller plus avant, en vne autre sur le chasteau d'Anvain à trois lieües de Hesdin : lequel ils vinrent ataquer avec canons, échelles et petards. Mais toutes nos garnisons bien averties de ce nouveau dessein, y envoyérent du secours en telle diligence, qu'il prévint celle des ennemis : lesquels furent par ce moyen repoussez avec si grand effroy, qu'ils laissérent leurs échelles et grande quantité d'autre équipage, retournans en leurs garnisons sans avoir rien avancé. (*Extraordinaire*, du 9 février 1640).

D'Anvers, le 27 Ianvier 1640.

Vingt-quatre fregates font parties de Dunkerque pour Espagne, afin d'y embarquer quatre mil Espagnols qui doivent servir en ce païs : où le Cardinal Infant a envoyé des Commissions pour lever quatre régimens d'infanterie et mille chevaux. (*Nouvelles* du 11 février.)

D'Amsterdam, le 20 Février 1640.

Le Cardinal Infant apres avoir osté au Comte de Hoogstraten les deux régimens qu'il commandoit, lui offre nouvelle commission d'en lever vn autre, moyennant que ce soit à ses despens, qu'il promet lui faire rembourser par le Roy d'Espagne. Le Comte de Füentes a ordre d'aller vers le Hainaut et l'Artois : le Colonel Bek, vers le Luxembourg ; et le sieur de Fontaine doit observer les Holandois. Les Flamans sont fort mal satisfaits de ce qu'on a cassé tous les Officiers d'infanterie de leur nation, qui estoient logez le long du Démer ; pour mettre en leur place des Espagnols : sans qu'on les ait repartis dans les autres compagnies, comme on a fait aux compagnies de cavalerie. (*Nouvelles* du 1er Mars.)

D'Anvers, le 25 Février 1640.

Le 15e de ce mois, le reste de la flote d'Espagne ruinée par les Holandois, et depuis renforcée de quelques vaisseaux faisans en tout le nombre de vingt-cinq, partit de Dunkerque pour Espagne sous l'Amiral Dom Antonio d'Oquendo. Deux mille Walons y sont embarquez, qui doivent estre bien-tost suivis de quelques autres navires qu'on acheve de freter. On équipe aussi quelques frégates particuliéres. Le Duc Charles est à Bruxelles ; où l'on tient qu'il doit commander l'armée Espagnole du Luxembourg : et Dom Philippes de Silve, celle d'Artois. Le Comte de Reux a esté déclaré Gouverneur de Ryssel : le Marquis de Lede, grand Maistre d'hostel du Cardinal Infant et Gouverneur du païs de Gueldres ; où il commandera les troupes qui seront destinées pour la défense de ce Duché : le Comte de Wilde, Gouverneur des villes de Luxembourg et de Thionville ; et le Comte de Fontaclara, Gouverneur de nostre citadelle. Le Cardinal Infant fait travailler en diligence aux nouvelles fortifications de plusieurs places frontiéres. (*Gazette* du 10 Mars.)

De Valenciennes, ce 22 Mars 1640.

La semaine passée plusieurs canons furent amenez de Cambray en cette ville, où se doit former le magazin, et tenir icy autour le rendez-vous general de toutes les troupes. Les preparatifs de guerre continuent puissamment dans l'Arthois, le Hainaut et le Brabant. (*Gazette* du 7 Avril.)

D'Anvers, le 30 Mars 1640.

Le Cardinal Infant a donné ordre que tout fust prest pour une prompte campagne. Il continuë à faire acheter des chevaux : dix-huict desquels ont naguères esté pris, d'vne troupe de cinquante qu'on menoit à Herentals, par neuf soldats de la garnison de Breda. Dom Philippes de Silva est naguères parti pour l'Arthois, où il va commander quelques troupes. On a enjoint à tous les habitans de Dunkerque de se pourvoir d'armes et on parle d'agrandir la dite ville de la moitié, et d'augmenter les fortifications de cinq bastions. Il se fait icy des preparatifs pour un pont de batteaux sur l'Escaut. Le Marquis de Velade a passé le 21° de ce mois par Gand pour aller à Dunkerque, où deux vaisseaux Anglois l'attendaient afin de le conduire en Angleterre, où il va en qualité d'Anbassadeur extraordinaire du Roy d'Espagne. (*Gazette* du 14 Avril.)

D'Anvers, le 20 Avril 1640.

L'on nous escrit de Dunkerque que nos fregates naguères parties pour Espagne y sont arrivées. On a envoyé dans ladite ville de Dunkerque 4000 habitz qui ont esté faits icy pour les soldats que les navires Royaux y doivent amener d'Espagne. Le 17° de ce mois on a commandé le pont de batteaux sur l'Escaut. (*Gazette* du 5 Mai.)

D'Amiens, ce 17 Juin 1640.

Sur l'avis que les ennemis rendus de jour à autre plus incertains des desseins de nos armées, par les diverses marches d'icelles, avoient tellement dégarni de gens de deffence la ville d'Arras, qu'il ne s'y trouvoit que quinze cens hommes de guerre; vne partie de sa garnison ordinaire en ayant esté tirée pour renforcer les villes de Bethune, Aire, Bapaume, et autres places que les nostres feignoient de vouloir attaquer : Nos Generaux ont investi ladite ville d'Arras le 15° de ce mois sur les trois heures apres midi, et dés l'instant on se mit à travailler à la circonvallation, qui doit estre de plus de trois lieuës, à laquelle fin son cóvoquez tous les paisans de la frótière. On nous dit que les assiegez ont desia fait quelques sorties qui ne leur ont pas reüssi. Outre les armées qui assiegent cette place, qui sont en tres-bon estat et des mieux resoluës, le Marquis de Gesvres a encor quatre ou cinq mille hommes à Retel, qu'il doit conduire vers ces quartiers, en cas de besoin. Le Roy part aujourd'huy de Magny (où il est depuis trois jours), pour Chaulnes, et Son Eminence part de Blerancourt pour Magny. (*Gazette*, du 23 Juin.)

D'Amiens, le 25 Juin 1640.

Le Roy estant le dix-septiéme du courant allé coucher de Magny à Harbonnieres, chasteau appartenāt à la vefve du sieur de Feuquières, qui estoit le quartier de Picolomini lors qu'il fit des courses en ce païs, en partit le dix-huictiéme pour Corbie : d'où Sa Majesté vint coucher le dix-neufiéme en cette ville : En laquelle Son Eminence se rendit le lendemain vingtiéme, de Blerancourt par Magny, Chaunes et Corbie. Le siege d'Arras continuë vigoureusement. Eugenio Buel, Colonel Irlandois, chef de grande experience, commande dans la place : pour l'absence du Comte d'Isembourg qui en est Gouverneur, lequel estant sorti peu de jours avant le siege, avec des trouppes qu'il jetta dans Bethune, que les nostres faisoient mine de vouloir assieger, n'a pu rentrer depuis dans ladite place : où les bourgeois ne rendēt pas grande obeïssance a ce Colonel et où l'on croid qu'il n'y a pas abōdance de munitions : les lettres interceptes leur ordōnans de mettre hors les bouches invtiles et de tirer peu. Le 19e du courant, 300 chevaux ennemis tentérent de forcer vn de nos corps de garde de cavalerie, mais ils furent si vivement repoussez que plusieurs d'entr'eux laissérent cuirasse et pistolets pour s'enfuir plus legerement. Ils ont aussi manqué vn dessein qu'ils avoient sur la tour de Buquoy, passage importāt. Le 21e, autres 300 chevaux sortirent de la place, et apres vne rude attaque qu'ils donnérent aux gens du Baron d'Egenfeld, furent repoussez avec grande tuerie jusques sur leur contrescarpe, cōme vous verrez par vn recit plus ample. Les ennemis font des courses de Bapaume sur les paisans qui vont en nostre camp, où les vivres viennent de Doulens. On a pris ces jours passez quelques soldats Italiens, en tres mauvais estat, qui avoient ordre de se jetter dans la place assiegée. La circonvalation s'en va achevée, et on parle d'ouvrir les trenchées en bref. (*Gazette du 30 Juin.*)

Du camp devant Arras, le 27 Iuin 1640.

Le 21e de ce mois, le Duc de Chaunes et le Mareschal de Chastillon sortans de disner, toute la cavalerie des assiegez, qui sont les trois cens chevaux dont je vous ay parlé, vinrent pousser deux compagnies du Baron d'Egenfeld, qui estoient en garde de là la riviére, vers le chemin qui conduit au quartier du colonel Ramzau, Mareschal de camp en cette armée, et les acculérent à vn de nos ponts du quartier general, apres avoir soustenu deux ou trois charges que les ennemis leur firent avec grande vigueur. Alors nos Generaux montérent próptement à cheval, suivis de cent Chevaux du régimēt de de Praslin, et 200 de celuy de la Claverie par luy cōduits. Les gens d'armes du Roy et Chevaux legers de sa garde, se mirent aussi soudain en estat de cōbattre pres du Mareschal de Chastillon qui commandoit ce iour là. Bref, il se trouva tant de gens à cheval que la plus grande peine du Mareschal de Chastillon fut le chois qu'il feroit entre tant de personnes qui s'offroient à luy. Mais la commodité luy ayant fait employer les Chevaux-legers, il se contenta de les faire passer et ataquer les ennemis : Ce qu'ils firent de telle sorte, et les pressérent si vivement qu'ils les menérent batant jusques sur la contrescarpe d'Arras : en laquelle chasse le Duc de Chaunes se trouva en personne, et le Comte de Gransé conduisoit ses coureurs. Les assiegez voyans ce qui se passoit de dessus les murailles, appelloient les leurs poltrons : pensans par là les renvoyer au combat : mais on ne se remet pas si tost de l'effroy qui les avoit saisis. Les nostres en ramenérent sept ou huict prisonniers de bonne mine, bien montez et armez, des compagnies wallonnes qui sont dans la place, qui font deux cens Maistres : le reste sont cent Croates en deux compagnies.

En mesme temps quatre cens Chevaux du corps de Ludovic, qui estoient en embuscade dans les bois derriere le mont Saint Eloy, vinrent donner sur nos fourageurs, du costé de nos Alemans, qui sont logez le long de la Scarpe vers le chemin dudit Mont Saint Eloy, et leur faisoient en apparence vn mauvais parti : lors que le Colonel Boüillon et quelques Officiers de Silleri et de Hums se mirent à la teste de trois cens Chevaux, et chargérent si rudement ces Croates qu'ils les rompirent et conduisirent l'espée dans les reins plus d'vne lieuë par de là nos quartiers, tirant vers Lens : dans lequel chemin ils en tüerent trente, et en firent vingt prisonniers, qu'ils amenérent : entre lesquels est vn Cornette et le Secretaire de Ludovic qui s'est trouvé blessé d'vn coup de pistolet qui luy rompt le bras.

Le vingt-troisiéme les ennemis qui s'estoient retranchez à deux lieuës et demie d'Arras, ayans eu dessein de jetter quelques troupes dans la ville, ou du moins de deffaire quelques vns de nos convois qui vont de Doulens en nostre camp, partirent du leur pour cet effet au nombre de deux mille hommes de pied, et seize cornettes de cavallerie. Ayans rencontré nos gardes avancées ils les attaquérent vigoureusement, et furent soustenus de mesme ; Tant que le Mareschal de la Mesleraye, qui ne se fait point avertir deux fois des occasions de combattre, sçachant l'ennemi proche monte à cheval avec quelques régimens d'infanterie et ce qui se trouva de cavallerie auprès de luy. Avec quoy s'estant mis au chemin il défait l'infanterie ennemie, en laissant la plus grande partie estenduë sur la place. La cavallerie des ennemis voulut soustenir son infanterie, et pour cet effet fit ferme quelque temps : mais elle ploya en fin et fut poursuivie par les nostres tousjours tüans et frappans avec tant d'ardeur que le Marquis de Gesvres, Mareschal de Camp et Capitaine des Gardes, ayant passé par dessus vne digue jonchée de corps morts des ennemis, apres avoir rendu là, comme par tout ailleurs, des preuves de son courage, et ayant esté blessé en quatre ou cinq endroits, y fut fait prisonnier par les ennemis r'alliez : Le Marquis de Breauté, Mestre de camp du régiment de Picardie et les sieurs de Neufvillette et Miremont Capitaines, la Rochegiffard Cornette, la Loupe et la Londe et le Baron de Radrets volontaires, et dix de nos cavaliers tüez : les Barons du Tour, de Chaumont et d'Ort, les sieurs d'Aiguebére, d'Ezigni, Cominges, Morvilliers, Aubry et Saint Luc Officiers blessez, comme on croid, sans grand péril. Le Marquis de Coaslin y a eu son cheval blessé sous luy, en faisant tous vaillamment. Le General Lamboy ayant veu la déroute des siens s'estoit sauvé dans vn fort qu'il avoit bordé de mousquetaires. Après cette genereuse action les nostres se retirérent en bon ordre dans leur camp.

Gazette du 30 *Juin* 1640.

D'Amiens, le 5 Iuillet 1640.

Le Roy retourna hier ici de Corbie où sa Majesté estoi allée le 3 pour ordõner du lieu auquel se fera le cãpement du corps que commande le sieur de la Ferté Imbaut. Monsieur arriva aussi avant-hier en cette ville, où il fut salué du canon, et harangué de tous les Corps. Le sieur Aubry, fils du Conseiller d'Estat, est mort des blessurés qu'il receut au combat du General Lamboy : auquel l'ennemi avoit desja fait defiler son bagage par les derrieres du costé de Douay, et eust esté forcé dans son retranchement si nostre Infanterie qu'on avoit commandée fust arrivée à temps. Le Colonel Ramzau, Mareschal de camp, a depuis ce temps là poussé dans vne Eglise, et pris à discretion deux cens Espagnols, la plus part officiers réformez, que le Cardinal Infant avoit envoyez pour tascher de se jetter dans Arras : dont les lignes ont esté avancées et faites doubles du costé par où on atte͠d l'ennemi. On ne tardera guéres à ouvrir les tranchées, la circonvalation estant achevée, et le camp muni pour plusieurs semaines, de telle sorte qu'encor que la pluye ait incommodé le convoy de vivres : ils y sont toutesfois à fort bon marché : toutes sortes de commoditez y estans venuës en abondance, d'icy, de Beauvais et d'Abbeville : Et notamment ce prodigieux nombre de charettes, que l'on dit se monter à 4 ou 5 mille, estant heureusement arrivées au camp, sans que l'ennemi ait osé paroistre, comme il l'avoit fait esperer : seulement les assiegez firent ce jour-là vne sortie du costé du Colonel Ramzau, avec perte de 12 ou 15 de part et d'autre, où ledit Colonel fut blessé. Dom Andrea de Cantelmo, General des troupes Espagnoles est à Bethunes, où il menace fort de se vanger de l'entreprise de ce siege. Le Cardinal Infant et le Duc Charles le doivent bien tost joindre pour venir renforcer Lamboy, qui est cependant tousiours bien retranché à deux lieuës de nostre camp, et a auprès de luy Dom Philippes de Silve. On a aussi tiré 4,000 hommes de l'armée de Flandres pour grossir celle dudit Lamboy. Mais il leur faut désormais faire des efforts bien estranges pour sauver cette place.

De Paris, le 7 Iuillet 1640.

On a icy fait les prieres de 40 heures pour la prosperité des armes du Roy. (*Gazette* du 7º Iuillet).

Du camp devant Arras, le 10 Iuillet 1640.

Les tranchées furent ouvertes Mercredy dernier quatriéme de ce mois : où fut tué le sieur Lucinet, Lieutenant Colonel du regiment de Champagne. I'avois aussi oublié d'employer le Sieur de Montbarot, Cornette de chevaux legers du Mareschal de la Mesleraye, entre ceux qui furent tuez au combat de

Lamboy. On escrit de Bruxelles que le Marquis de Gesvres se porte bien des blessures qu'il y receut. Le cinquiéme, le Mareschal de la Mesleraye voyãt que les ennemis travailloient grandement nos fourageurs, et incommodoient fort les vivres qui venoient en nostre armée, prit avec soy douze cens chevaux qu'il fit avancer jusques auprès de Douay, faisant mettre pied à terre à vne partie garnie de faux, de faucilles et autres outils de fourageurs : A la veuë desquels sept escadrons de cavalerie ennemie, qui estoient là en embuscade, ne faillirent pas de se jetter sur eux : Mais les plus avancez des nostres qui devoient soustenir ces fourageurs, n'eurent pas la patience de laisser approcher les corps entiers des escadrons : ils se jettérent sur les ennemis : lesquels étonnez de cette surprise ne prestérent point de combat, mais s'enfuirent à si grand haste qu'encor qu'ils fussent poursuivis pres d'vne lieuë par le Mareschal de la Mesleraye, les Ducs d'Enguyen et de Nemours, et plusieurs autres seigneurs volontaires ; il nen fut fait que fort peu de prisonniers. La nuit du Ieudy au Vendredy, les assiegez firent vne sortie sur l'attaque du Mareschal de la Mesleraye, où estoit le regiment de Navarre ; mais le Baron du Vigean, qui en est le Colonel, n'empescha pas seulement l'execution du dessein qu'ils avoient de forcer nostre camp de ce costé là, il les chassa jusques sur le fossé de la ville, avec perte de plusieurs des ennemis. Deux mille fantassins et 800 chevaux de l'armée Espagnole, que je vous ay cy-devant mandé estre retrãchée à deux lieuës de nostre camp, sont depuis venus jusques au Mont Saint Eloy (qui n'est qu'à vne lieuë du quartier du Mareschal de Chastillon) où le sieur de la Mothe Capitaine au régiment d'Andelot commandoit avec cent mousquetaires : lesquels furent rencontrez en si bonne posture par les ennemis, que tous les efforts qu'ils firent pour les forcer, se trouvérent inutiles, et que s'estans contentez de se presenter à la veuë de nos lignes, ils furent contraints de se retirer avec perte de douze de leurs soldats, et force blessez, comme on a sceu par le rapport de deux Officiers Espagnols faits prisonniers : Ils se sont retirez en fuite entre Doulens, Hesdin et Arras. Le Cardinal Infant y est en personne, assisté des Generaux Lamboy, Cantelmo et Philippe de Silve. Ledit jour de Vendredy 6ᵉ du courant nos assiégeans se rendirent maistres d'vne Eglise fortifiée par les ennemis : lesquels y ont eu de tüez tout ce qui a fait resistance : les nostres se sont approchez en suite des nouvelles demie-lunes, et du faux-bourg, qui est du costé de Cãbray. Sur l'incertitude des avis dont les vns portoient que les ennemis devoient attaquer nos lignes l'vnze ou 12 de ce mois du costé du Colonel Ramzau avec 25,000 hommes ; les autres, qu'ils avoient resolu d'aller camper à Aubigni pour affamer nostre armée : à quoi la grande quantité de bouches dont elle est composée, sembloit leur donner de la facilité, y en ayant plus de 40 mille, outre les inutiles : Nos Generaux ont eu ordre du Roy de garder leurs lignes, puis qu'elles estoient en estat de ne pouvoir estre forcées. Cependant la necessité vient dans la ville assiégée, dans laquelle n'est point entré, comme l'on avoit creu, le Comte d'Isembourg qui en est Gouverneur, et dont la presence serviroit grandement à appaiser le peuple, toujours mal-affectionné envers le nouveau Commandant, lequel ayant envoyé demander permission de faire sortir de la place quelques Dames de consideration ; il en a esté refuzé. Les assiégez tirent plus qu'ils ne faisoient au commancement. L'Abbé de Dronel, qui n'estoit qu'à deux pas derriere le Mareschal de Chastillon, a eu son cheval tué et renversé dans la riviére sous son maistre, qui en a esté tiré sain et sauf. Le sieur d'Anfreville Officier des gardes, y a receu vne mousquetade dans le ventre. A quoy le canon de nos batteries respond de bonne sorte. Le sieur de la Roullerie a n'aguéres fait deux beaux coups de son artillerie : l'vn a tué cinq officiers : l'autre qui a semblé plus cruel à nos cavaliers tousiours courtois envers les Dames, a emporté le bras à la plus belle d'Arras.

D'Amiens, le 11 Iuillet 1640.

L'armée du Marquis de la Ferté Imbault est icy autour ; campée par les soins que le Roy en a voulu luy mesme prendre, avec une dexterité et science de la guerre familiere à Sa Majesté, et qui fait avoüer à grands et petits que toutes ses actions surpassent le commun, et sont veritablement royales. A laquelle armée joignant les troupes du Comte de Saligni, et le régiment de Douglas : ces forces ne se montent pas moins de dix mille hommes. On a eu avis que le secours d'Italie, au nombre de sept mille hommes de pied et trois Regimens de cavalerie, devoit estre arrivé à Pignerol, d'où il devoit tenter le passage à nostre camp, sous la charge du Vicomte de

Turennes, bien gueri de ses blessures ; au devant duquel le Comte d'Harcourt, qui est tousjours en sa premiere vigueur et resolution dans ses anciens postes, devoit envoyer quatre mille chevaux. (*Gazette* du 14 juillet.)

Du camp devant Arras, le 17 Iuillet 1640.

Les ennemis apres avoir passe à la veuë de nos lignes, et campé entre Hesdin et Bethune, puis entre Lens et le Mont S. Eloy, et derechef entre Doulens et Arras, ayans brulé leurs hutes, ont pris l'Abaye dudit Mont Saint Eloy. Ils tesmoignent en vouloir à nos convois, notamment à celui qui doit partir en bref : et pour cet effet, on tient qu'ils font trois corps d'armée : qu'avec le premier, ils attaqueront ledit convoi : avec le second, ils iront au devant de l'escorte que nos Generaux y envoyeront : le troisiéme, sera pour en jetter ce qu'ils pourront dans la place assiégée : et cependant, pour empescher d'asseoir aucun jugement certain sur leurs desseins, qu'ils font mine de vouloir assiéger quelque place de nostre frontière. Mais quatre mille hommes qui sont dans Doulens et autant ailleurs à proportion, nous garantissent de cette peur. Les assiégez ont fait quelques sorties, en deux desquelles ont esté tuez ceux qui les commandoient. Cependant nos travailleurs sont à la contrescarpe du fossé, que l'on est prest de perser ; et nos soldats s'approchent si pres des murailles, qu'eux et les ennemis se sont désja touchez à coups de pique, et il y a breche. Les prisonniers qu'on leur a faits, soit pour nous gratifier, comme il n'est que trop ordinaire, soit pour ce qu'il est ainsi, asseurent qu'il faut contraindre à coups de baston les soldats à tirer, et mesmes à paroistre sur les bastions de la place assiégée.

D'Amiens, le 18 Iuillet 1640.

Le 14 de ce mois furent icy amenez sept-vingt quinze prisonniers Italiens, Espagnols et Walons, qui avoient ordre de se jetter dans la ville d'Arras, et furent pris dans vn fort. Les troupes du Roy qui sont icy autour se grossissent de telle sorte, que sans y comprendre les armées qui forment le siége d'Arras, on ne les estime pas à present moindres de quatorze à quinze mille hômes. Aussi tout ce qu'il y a de genereux non seulement dans la province, mais aux environs, et qui ont en la consideration qu'ils doivent le service du Roy et l'honneur de cette Couronne, n'attendent pas qu'ils y soient appellez, mais se portent d'eux mesmes à ce siége et auprès de sa Majesté, comme en la plus importante occasion qui se puisse presenter. (*Gazette* du 21 juillet.)

L'Arrivée d'vn convoy au camp du Roy devant Arras.

En attendant que je vous informe plus partculierement apres l'avoir esté moi-mesme, de ce qui s'est passé au siege d'Arras depuis nos derniers memoires : je vous veux faire part de l'heureuse conduite de cinq cens charrettes, chargées de munitions de toutes sortes, avec huit mille moutons, cent bœufs et grand nombre de vaches, qui sont arrivées heureusement à trois lieuës du camp du Roy devant Arras. Ce convoi conduit par le sieur de S. Preuil : jusques où les generaux de l'armée de sa Majesté le vinrent recevoir le 23e du courant. Ce qui fait d'autant mieux esperer du succez de ce siege, que l'on a sceu les ennemis avoir de grandes disettes de vivres. (*Extraordinaire* du 26 juillet.)

Du camp devant Arras, le 24 Iuillet 1640.

Les soins de nos Generaux, secondez de la vigilance et valeur de tout le reste de nostre armée, se sont employez si puissamment à la défense de nos lignes, qui sont les plus achevez et parfaits travaux qu'on ait encore veu, que les ennemis les ayans reconnus, n'ont plus d'esperance de les pouvoir desormais forcer : De sorte que toute leur industrie s'occupe à présent à nous couper les vivres, comme ils ont essayé de le faire la semaine passée : s'estans assemblez à cette fin vers Bapaume en grand nombre. Il se passa vn furieux combat entre-eux et les nostres le 19º de ce mois. La jonction des troupes Impériales sous Lamboy, de celles du Duc Charles et de Bek, avec tout ce qui estoit dans le Luxembourg, l'arrivée du Cardinal Infant qui a fait marcher l'estendart de Gand, rapelé le Comte de Fuelsandaigne, Dom Philippe de Silve et le Comte de Buquoy de leurs postes, et levé toutes les garnisons des places voisines, avoient à la vérité fait croire que tout ce préparatif alloit à d'autres desseins qu'à se retrancher sur le chemin de nos vivres, et ne faisoit pas moins esperer aux Espagnols qu'vne revanche des affronts de Cazal et de Turin : Et que les ennemis tascheroient à sauver cette place, avec autant de résolution qu'elle est attaquée : mais s'estans contentez de voir nos retranchemens, deux jours apres ils ont marché vers Avesnes-le-Comte et Lastre ne tesmoignans autre dessein que d'empescher nos convois. Pour ce faire ils épient l'occasion de ce jour là auquel le sieur de Leschelle avoit ordre d'en escorter vn d'environ deux cens charettes jusques à Fremicourt où il devoit aller trouver le Mareschal de la Mesleraye, lequel prit quinze cens cheuaux de son Armée : De celle du Duc de Chaulne et du Mareschal de Chastillon, furét commandez le Régiment Colonel, ceux du Comte de Guiche et d'Aumont, et quatre cens Estrangers : le sieur de Gransey Mareschal du camp estoit de jour : c'est pourquoy le Comte de Guiche aussi Mareschal de camp, iugeant l'importance de l'action y voulut y estre volontaire. Apres avoir marché toute la nuict, trois mille Cavaliers ennemis parurent en plusieurs escadrons, le premier desquels estoit de plus de trois cens cheuaux. Ils estoient suivis de quatre autres, et le tout sous-tenu du reste de ladite Cavallerie. Le Regiment de son Eminence, à la teste desquels s'estoit mis le Comte de Guiche, eut ordre de charger ce gros escadron, et le mit en desordre. Le sieur Binaut se mit à sa gauche, et vn des escadrons ennemis ayant attaqué ce qui devoit soutenir nos gens, les plus avancez des nostres furent coupez et enfermez parmi les ennemis, dans le flanc desquels le Mareschal de la Mesleraye ayant donné, il les rompit jusques à quatre fois, eux s'estans autant de fois ralliez : et ce Mareschal demeuré deux heures meslé parmi les ennemis, d'où il revint son épée sanglante jusques aux gardes, et si genereusement secondé par le Comte de Guiche et tous nos volontaires et Officiers ; qu'enfin les ennemis furent défaits, avec perte de plus de sept cēs de leurs cavaliers morts sur la place, entre lesquels se trouvérent plusieurs Officiers gens de qualité et de leur principale noblesse. Ils regrettent particu-liéremēt le Comte de Bossut, l'vn des principaux Seigneurs du Païs-bas. Ils ont aussi quantité de blessez, et on leur a fait quatre cens prisonniers, tant en cette meslée qu'en la chasse que les nostres leur donnérent vne lieuë durant, le champ de bataille nous estant demeuré. Entre lesquels prisonniers se trouvent le Marquis de Varembon blessé au bras, le Barcn d'Oisi, le Chevalier de Curvin volontaires : le sieur de Barat Lieutenant du Comte de Buquoy ; le sieur de Faverolles Lieutenant du Marquis de Bergue : Le Capitaine Francisque de Vaux : le Gouverneur de la ville d'Armentier : le Cornette du Marquis de Varembon : Alexandre de Vosque, volontaire : Walroth Mareschal des logis du Lieutenant de Ludovic : Histantof Cornette au régiment dudit Ludovic : Iean Vagous autre Mareschal des logis : Pierre Pénis Fourrier de la compagnie du Comte de Buquoy : le Capitaine Lieutenant de Merode : quatre autres Capitaines, dont on ne sçait encore les noms, et deux Brigadiers de la compagnie du Côte de Ruë. Dans la chaleur de ce combat nous perdismes aussi 60 hommes : entre lesquels sont quelques Chevaux-legers de la cōpagnie de son Eminēce : et nous y avons trouvé à dire les Marquis de Courtanvau, Chiverni, Mōtigni et Pienne : les sieurs Binaut, Dufresnoy et Galanderie, desquels on ne sçait point encor au vrai si quelques vns sont morts ou prisonniers : le sieur de Coulanges y fut aussi blessé. Cependant cinquante chevaux et cent mousquetaires sous le sieur de Leschelle, qui qui conduisoient ce petit convoi, ayans en suiuant leur route rencontré vn plus grand nombre d'ennemis, furent contraints de rebrousser chemin, ayans sauvé la plus grande partie des chevaux et dudit cōvoi. Mais encor que cette rencōtre ait cousté bien cher aux ennemis, ce qui est arrivé en suite vous fera mieux voir de quelle adresse les nostres se sont servis pour faire passer vn autre convoi plus grand que le precedent. On mit en ordre de bataille toute l'armée du Roy, qui est à Corbie, que l'on fit marcher vers Ancre, avec force charrettes et caisses vuides, mais qui avoient apparence du contraire : De laquelle marche les ennemis furent aussi-tost avertis par leurs espions, qui leur donnérent avis que nostre grand convoi estoit parti et prenoit cette route-là. Eux qui n'attendoient depuis plusieurs jours que cette occasion, quittérent les retranchemens qu'ils avoient fait entre Doulens et Arras, pour rompre ce conuoy qui devoit passer par là, et fònt accourir en mesme temps toutes leurs troupes sur les passages, vers où nos charretiers s'acheminérent lentement tant qu'ils fussent à la veuë des ennemis ; toutefois en vne distance suffizante pour conserver l'avantage qu'ils avoient quand il seroit temps de prēdre la fuite, à laquelle ils s'estoient préparez des le logis, et que la peur desdits chartiers et la legereté de leurs charges favorisa de telle sorte, qu'au premier ordre qu'ils eurent de tourner bride, lequel il ne se firent pas donner deux fois, ils touchérent avec vne diligence qui les rendit à Corbie en moins d'vne heure et demie, bien qu'ils en fussent à pres de trois lieuës. Cependant que les ennemis se hastoient aussi de leur costé pour les suivre, mais inutilement, cinq à six cens charrettes des mieux chargées qu'on puisse voir, de toutes sortes de provisions, et accompagnées du grand nombre de bœufs, vaches et moutons que vous avez sceu, passerent par vn autre costé de Doulens au camp, sans aucune rencontre d'ennemis, escortées par le sieur de Sainct Preüil et receuës à trois lieuës du camp par le Mareschal de la Mesleraye, avec le contentemēt que vous pouvez penser. Le Comte de Nanteüil Gouverneur de Corbie, n'eut pas si bon succez d'vne sortie qu'il fit le mesme jour; car il tomba dans vne embuscade des ennemis, qui le firent prisonnier. Il est encore arrivé en nostre camp vn autre convoy presque en mesme temps par Hesdin, et ce siége se continuant comme il fait avec tant de conduite et de courage, on en doit bien esperer. L'armée ennemie est tellement incommodée de vivres, que le pain de munition y vaut quarante sols : aussi ne reçoit-elle ses munitiōs que de l'Isle en Flandre, ceux de Cambray et de Bapaume ne lui pouvans plus rien fournir, attendu le degast fait à l'entour d'eux, qui les menace de famine, d'où vient que plusieurs soldats se débandent. Et quelque ordre que Eugenio Oneil Colonel Irlandois apporte contre nos bombes elles causent de grands maux, dans la ville : d'où vn Capitaine fit hier vne sortie, estant yvre luy et ses compagnons, qui furent vne partie tuez, les autres rechassez et luy blessé, et fait prisonnier. On presse extrémement deux demie-lunes, lesquelles ēmportées, on ne croid pas qu'il y ait grand chose à faire contre les murailles. (*Gazette* du 28 juillet.)

De Calais, le 25 Iuillet 1640.

Le Comte de Charost Gouverneur de cette ville, qui avoit eu avis du grand butin à faire dans le païs ennemi, entre Gravelines et Dunkerque; voyant qu'il n'y avoit plus de cavalerie dans ladite place de Gravelines, à cause du fameux siége d'Arras qui en a tiré toutes les forces ennemies, prit resolution d'y envoyer le sieur de Bours-Montmorency, Lieutenant de sa compagnie de Chevaux-legers; auquel il donna pour cet effet 60 Chevaux de sadite compagnie, 37 de celle de ses gardes, 12 ou 15 païsans du païs reconquis, qui ont accoustumé de monter à cheval et d'aller à la guerre, et environ cent hommes de pied de ceux qui sont dans les forts avancez et de la milice dudit païs. Avec cette troupe le 17 du courant, pendant que la marée estoit basse, ledit sieur de Bours passa la grande riviére, qui est entre le fort S. Philippe et Gravelines, à la teste de 60 ou 80 Chevaux, laissant le reste avec l'infanterie pour s'opposer aux troupes qui eussent pu sortir du fort et venir sur le bord de ladite riviére pour empescher le retour de nos troupes. S'estant donc avancé avec cette cavalerie, il rencontra proche de Gravelines vn corps de garde d'environ 15 ou 20 soldats Italiens, qui furent tous tuez; puis ayant poussé jusques à vne lieuë par delà Gravelines il en amena plus de mille moutons, 60 cavales et 155 vaches; lequel butin est estimé plus de dix mille escus, sans y comprendre la rançon de 20 prisonniers qu'il fit pareillement; entre lesquels il y a vn Huissier de la Cour de Malines, et le Messager d'Ypre : Mais ce dernier a esté renvoyé sans rançon apres avoir ouvert toutes ses lettres : qui donnoient avis que le Prince d'Orenge estoit allé assiéger Sandwlict, place située entre Bergopson et Lilo : Cette entreprise du Comte de Charost a esté jugée des plus hazardeuses, pour ce qu'on ne peut demeurer trois heures dans le païs ennemi, la marée ne laissant la riviere guéable que pendant ce temps-là : et l'on est obligé de passer à la portée du canon du fort. Les nostres ayans si bien reüssi en leur dessein, còme ils s'en retournoient l'on tira sur eux plus de 60 volées de canon; sans que toutesfois personne en ait esté blessé. Les ennemis essayèrent aussi de leur couper chemin, mais cent de ceux qui estoient sortis du fort à cette fin, ayans veu que nostre infanterie et le reste de la cavalerie qui estoit demeurée pour favoriser nostre retraite, s'avançoit vers eux, se renfermérent bien viste dans leurdit fort. La semaine derniere 8 navires Holandois passérent devant ce havre. Le Vice-Amiral With manda à celui qui reside pour eux en cette ville, qu'ayant trouvé les Dunkerquois il les avoit chargez, en avoit pris deux; entre lesquels est celui du Vice-amiral de Dunkerque, dont le Capitaine fut tué, et son vaisseau brûlé avec vne riche prise qu'ils amenoient. Lesdits Holandois prenoient le chemin du Nord pour y joindre leur Amiral, qui estoit allé chercher les Dunkerquois, lesquels y attendoient la flote des Indes.

D'Ardres, le 26 Iuillet 1640.

La semaine passée, trois cent Chevaux et 500 hommes de pied de nostre garnison et de celle de Guisne brulérent un bourg nommé Art, vne lieüe par de-là S. Omer, et en amenérent des prisonniers, nonobstant la vigoureuse resistance que rendirent les ennemis dedans leurs maisons, où ils n'oubliérent rien de possible pour se bien défendre. Peu de jours auparavant quarante Chevaux des nostres avoient esté à la guerre, desquels en ayans envoyé 14 pour faire la descouverte, les ennemis en prirent 7 : mais le reste, pour garantir l'honneur et la vie de leurs compagnons, se porta si animeusement contre les ennemis, qu'ils ne rendirent pas seulement les prisonniers aux nostres, mais ils furent tous tuez, ou pris.

Du camp devant Arras, le dernier Iuillet 1640.

Depuis la défaite des Espagnols sous le Comte de Buquoy (1) auprès de Bapaume, où demeurérent le Comte de Montigni et le fils du sieur de Mémon, outre ceux que vous avez sceu : entre lesquels le Marquis de Pienne n'est que prisonnier : La nuit du vingt-cinq au vingt-sixiéme du passé, les assiégeans

---

(1) Cette famille, d'origine artésienne, quitta la province après l'occupation espagnole. Elle est aujourd'hui fixée en Hongrie. Voir ce que j'en ai dit dans un article intitulé : *L'Académie d'Arras, depuis sa fondation jusqu'à nos jours*. (*Constitutionnel*, n° du 4 août 1875).

Le tome IV, des *Négociations diplomatiques de la France avec la Toscane* (*Coll. des Doc. inédits*), qui a paru cette semaine, contient de fort curieux détails sur l'Artois pendant l'occupation espagnole. On y trouve, notamment (page 211), cet intéressant passage : « In Arras tumultuando la parte ugonotta, sotto colore
» che quel magistrato volesse sottomettere la terra alle forze Francezi, sollevò in
» modo il popolo, che il detto magistrato fu fatto prigione ; oppresso conoscendisi
» lo strattagemma, e prevalendo la parti cattolica, non solamente fu liberato il
» magistrato, ma furno decapitati quattro principali ugonotti, e gli altri seguaci
» posti in fuga. E opinioue comune, che il principe di Orange nutris ca con
» sommo studio le discordie fra i cattolici e gli ugonotti, a fine che, essendo
» uniti quelli Stati, non acconsentino alla conclusione della pace con il Cattolico.
» Per opera del governatare di Gravelines dicono che Saint-Omer, luogo impor-
» tante nelle frontiere di Fiandra verso la Piccardia, sia tornato nuovame'te alla
» devozione della Maestà Cattolica, e che medesimo governatore, con l'intelli-
» genza di molti nobili del paese, tenti di ridurvi similmente il paese di Hainaut
» e di Artois. » (Lettre de Saracini au grand-duc de Toscane. Paris, 10 novembre 1578). Vor. A.

firent jouer vne mine à la demie-lune de l'attaque du Mareschal de Chastillon : où les régimens de Vervins et de Bourdonné estoient en garde. Aussi-tost deux cens hommes dudit régiment de Bourdonné conduits par quatre Capitaines et des Officiers à proportion donnérent d'vn costé, et autant dudit regiment de Vervins, donnérent de l'autre. Ces gens raffraichis du reste de leur Corps firent si bien, qu'apres vn combat de trois heures pique à pique, les nostres demeurérent maistres de la demie-lune. Nous y perdismes le sieur de Granville, Capitaine au régiment de Bourdonné; et y eusmes trois autres blessez, à sçavoir, les sieurs de Motte, de S. Paul et de Barrat, sept ou huit autres Officiers, douze sergens et quelques soldats le furent aussi. Le sieur du Bosquet de Baugy Lieutenant Colonel du regiment de Bourdonné, Aide de camp et Major de brigade en l'armée, commandoit ce régiment, et y fit tres-bien, comme aussi le regiment de Vervins qui y eut presque égale perte : duquel ledit sieur du Breüil-Coustureau prit cinquante hommes, et donna avec eux si avant qu'il y en eut 46 de tuez ou blessez, sans que neantmoins il ait receu en cette occasion qu'vn seul petit coup d'espée sur la main, qui ne l'incommode point. Le sieur de Belle-isle y fut blessé d'vn coup de mousquet à la gorge. Le sieur de Bourdonné s'y est aussi signalé, voire tous les nostres y ont si bien fait que le Mareschal de Chastillon et le Comte de Guiche presens à cette action, loüérent extrémement la valeur de tous ceux qui s'y trouvérent. Aussi; de ces deux régimens qui donnérent seuls à cette demie-lune gagnée sur les ennemis, n'y en eut-il aucun qui en retournast que blessé ou commandé de se retirer. Le 27, le sieur de Fauchere Lieutenant au régiment de Champagne, ayant esté commandé de se loger sur la contrescarpe d'vne autre demie-lune à lataque du Mareschal de la Mesleraye, y donna sur les trois heures apres midi, soustenu par deux cens hommes de ce régiment, avec tant de vigueur, que nonobstant les mousquetades, grenades et feux d'artifice, il y fit son logement : duquel estant repoussé par les ennemis; il l'a reprit encor la nuit suivante, s'y retrancha et attacha les mineurs à la demie-lune : sous laquelle la mine ayant joué la nuit du 28 au 29, il monta sur la breche, soustenu de quatre cens hommes de Rambure qui s'y logérent, ayant rendu inutiles les efforts que firent les ennemis pour les en déloger.

D'Amiens, ledit iour 31 Iuillet 1640.

Le 29 du courant arriva ici le sieur du Hallier avec deux mille Maistres des plus lestes, suivis de son infanterie qui est de cinq à six mille hommes. Tous nos volontaires estoient partis ce matin sous le grand Escuyer de France, mais ils ont eu ordre de retourner sur quelque nouvel avis receu, et se proposent de partir cette nuit pour aller affronter le Cardinal Infant, qui tesmoigne estre resolu au combat.

De Paris, le 4 Aoust 1640.

Hier matin, vn courrier vint en cette ville apporter la nouvelle de ce quï s'estoit passé dans les armées du Roy, entre Amiens et Arras. Vous avez sçeu la grande difficulté qu'il y avoit de faire passer des vivres dans nostre camp qui tient cette ville d'Arras assiégée : ce qui avoit fait resoudre toute nostre Noblesse et gens de main, à rompre ces obstacles, et s'aller faire jour au travers des ennemis retranchez sur les avenües. Cette resolution fut suivie de son effect : Tous nos braves partirent d'Amiens le premier de ce mois pour se trouver à Doulens leur rendez-vous. Ils joignirent le mesme jour cinq mille Chevaux et treize mille hommes de pied sous la conduite du sieur du Halier : lequel dans la reveüe qu'il fit, trouva douze cens volontaires, au meilleur ordre et des mieux resolus qui se soient veus il y a long-temps. Les ennemis s'estoient separez en trois gros à vne lieuë ou environ de nos lignes, qu'ils faisoient mine de vouloir attaquer en même temps que l'armée du dit sieur du Hallier auroit pris sa marche de Doulens : d'où cette armée partit le mesme jour premier de ce mois sur les deux heures apres midi, prenant son chemin vers Arras en fort bon ordre. Ayant fait quatre lieuës, elle rencontra le Mareschal de la Mesleraye, qui l'attendoit au de là d'vn défilé de Beaufort à deux lieuës et demie du camp, avec des gens non moins resolus que les premiers : auquel lieu se fit la jonction des deux armées du Roy, avec vne joye et acclamation militaire capable de reschauffer dans les plus tiedes le zele et l'affection deuë au service de sa Majesté et à la reputatiõ de cette Couronne. Tandisqu'vne partie des nostres s'apprestoit à jouër des mains, l'autre partie les tendoit vers le Ciel pour la prosperité et bon succez des armes du Roy, que l'on demandoit à Dieu, par des processions generales, et notamment de toute la Cour, qui ne s'est gueres veüe plus petite, chacun voulût voir l'ennemi; Ausquels actes de pieté celle du Roy ne reluisoit pas moins que sa dexterité à donner les ordre de la guerre, et la vigueur de son esprit dans les Conseils. Ces moyens opererent de telle sorte et Dieu planta la frayeur au cœur des ennemis à vn tel point que ces nombreuses troupes Espagnoles accouruës là de toutes parts, ne demeurérent pas seulement immobiles et comme percluses, mais se retirérent de leurs postes de Riviére et autres lieux bien-avant et jusques à 4 lieuës dàs leur païs, sans avoir ozé rien têter ni sur nos lignes ni contre nos armées, qui se rendirent sans rencontre au camp devant Arras : auquel camp vn convoi est ensuite arrivé, composé seulement de huit à neuf cens charrettes; pource que les nostres croyans les ennemis estre gens de parole, et comme tels qu'ils combatroient, ne s'estoient point voulu charger d'vne plus grande conduite. Mais depuis que les ennemis ont fait voir leur foiblesse, et que les nostres ont trouvé les chemins libres de Doulens à Arras, le reste suit incessamment. (*Gazette* du 4 Aoust.)

L'attaque faite par les Espagnols contre le camp du Roy devant Arras, le deuxième de ce mois, où les ennemis ont perdu environ douze cens hommes et eu plus de trois cens blessez.

Cependant que le Courier qui apporta au Roy la jonction des deux armées devant Arras et l'heureuse arrivée de nostre convoi au camp, en debitoit les nouvelles dont ie vous fis part Samedy dernier : les ennemis, moins engourdis qu'on ne les représentoit, nous en préparoient d'autres, ne pouvans souffrir qu'vne piece de telle importance qu'est la ville d'Arras fust pressée comme elle est, sans faire aucun effort pour la secourir d'hommes et de munitions.

Pour l'essayer, le General Lamboy ayant par plusieurs jours épié les occasions de forcer nos lignes, et les voyant trop bien gardées par les soins de nos Generaux, de nos Mareschaux de camp et de tous leurs Officiers et soldats, qui ne se sont iamais montrez plus affectionnez à aucun siége qu'à cettui-ci : ce General prit le temps que le Mareschal de la Mesleraye avec quelques troupes de cavalerie et d'infanterie estoit allé au devant de ce convoi, qu'accompagnoit le sieur du Halier : Et pour mieux venir à bout de son dessein, il fit mine d'ataquer tantost vn quartier et tantost l'autre.

Les ennemis parurent prémierement dans vn valon non loin de nos lignes, s'estendans de sorte qu'ils faisoiēt croire que toute leur armée estoit de ce costé-là. L'avis en vint à nostre armée, comme elle estoit sur le chemin de Doulens à Arras.

C'estoit sur les trois à 4 heures apres midi du deuxiéme de ce mois : et les Ducs de Mercœur et de Beaufort s'estoient joints à l'escadron du Duc d'Enguyen, lors que l'alarme vint de l'aproche des ennemis : Ils y accoururent avec d'autres Volontaires.

En mesme temps ceux de la ville d'Arras firent vne sortie qui estoit feinte, comme l'attaque précedente, et faite seulement pour amuser les nostres, tandis qu'ils sortoient beaucoup plus forts de l'autre costé de l'eau ; à sçavoir, huit escadrons de cavalerie soustenus d'infanterie.

Ce qui ayant esté découvert, le Duc de Beaufort et le Marquis de Beaumont passérent l'eau et menérent quatre de nos escadrons au devant de ces huit, qu'ils arrestérent tout court. Alors le General Lamboy apres ces feintes vint tout de bon au quartier du Colonel Ramsau, où les siens avoient attaqué vn fort détaché de nostre camp, à neuf cens pas des lignes. Le régiment de Ronseroles gardoit ce fort, y fit de la résistance et tüa plusieurs des ennemis. Mais leur grand nombre soustenu par de nouveaux renforts qui leur venoient du gros de leur armée, qui se mit en bataille prés de là, sur le chemin de Cambray, avoit fait ceder ce régiment ; de sorte que les ennemis s'estoiēt rendus maistres de ce fort. Aussi avoient-ils quité tous leurs autres desseins pour faire vne plus notable irruption de ce costé-là.

Ce que voyant le régiment de la Marine qui se trouva prest, les y alla attaquer avant que leur donner temps de s'y fortifier, et les entreprit si courageusement qu'il les en chassa ; Mais il n'y fut pas long-temps : Car les ennemis y retournérent avec plus grandes forces. Ausquelles, bien que le régiment des Gardes, celui de Navarre, de Champagne, de Piedmont et quelques autres accourus en corps à l'aide des leurs, et qui des auparavant les avoient raffraichis par petites troupes, s'opposassent avec telle vigueur qu'ils fissent plier et retirer les ennemis : si est-ce qu'eux ayans leur armée à dos, y retournérent avec toutes leurs troupes, y rentrérent pour la troisiesme fois, et y demeurérent pres de deux heures.

Il est mal-aisé de vous exprimer les faits-d'armes et les belles actions qui se passérent pendant ce temps-là. Le Mareschal de Chastillon, entr'autres, non content de faire la charge de General, fit encore celle de gend'arme et se trouva des plus avant dans la meslée.

Le Marquis de Coaslin, bien que fatigué de la garde des tranchées où il avoit couché à son ordinaire, n'y trouva pas aussi incompatible sa charge de Colonel General des Suisses et de Mareschal de camp avec celle de soldat, où il rendit de grandes preuves de son courage.

Le Comte de Grancey, aussi Mareschal de camp, y eut son cheval tué sous luy. Le Marquis de Fors Mestre de camp du régiment de Navarre faisant genereusement, comme il a de coustume, y receut vn coup de mousquet au bras. Le sieur de Saujeon y fut tué : le sieur de Poüillac Capitaine aux Gardes, fort blessé : comme les sieurs de Fontrailles, Rochepot la Bretette, et quelques Officiers des régimens de Champagne, Navarre, la Marine, Piedmont et autres. Ce que les ennemis ne portoient pas impunément : les nostres en faisans vne grande tuerie.

Toutesfois les ennemis demeuroient tousjours dans le fort, et s'avançoient si pres de nos lignes qu'ils alloient s'en rendre maitres : la valeur de ceux des nostres qui s'estoient pû trouver en cette occasion, estant fort empeschée à resister au grand nombre des ennemis, qui passoient vingt mille hommes : Lorsque nos Volontaires, appellez de ce costé-là par le bruit des canonnades, y accourent. Ils estoient conduits, comme vous avez sceu, par le Grand Escuyer de France : lequel ayant demandé au Roy pour vne des plus signalées faveurs dont il lui plaist l'honorer, celle de se trouver à cette occasion, et l'ayant obtenuë, s'y porta de si bonne grace, qu'il n'y avoit celui qui le voyant affronter les escadrons ennemis, ne le jugeast digne héritier des titres comme des vertus de ce genereux Mareschal, qui mesmes en mourant a fait redouter en qualité de General les armes du Roy dans l'Alemagne.

Ce valeureux escadron, qui ne mérita iamais mieux le nom

3

de volontaire (veu que l'aage, la maladie et toutes les raisons capables d'en démouvoir d'autres n'ont pas empesché plusieurs de vouloir estre de la partie) fut incontinent aux trousses et au flanc de l'ennemi, et se joignant aux nostres les fortifia tellemẽt, qu'ils ne lui firent pas seulement quitter ce fort et l'entrée de nos lignes, empeschant qu'il ne s'en rendist maistre, mais en firent vn si horrible carnage, qu'il en demeura environ douze cens sur la place : Les nostres irritez de la temerité des ennemis, ne leur donnans pas le temps de demander quartier, ou s'ils le demandoient, ayans tellement les oreilles eschauffées du bruit des canonades, voire du feu continuel de la mousqueterie dans lequel ils estoient, qu'ils ne les pouvoient entendre. Les sieurs de Beaufort, de Mercœur et de Coaslin, en tuérent plusieurs de leur main, comme firent aussi la pluspart de nos Officiers et Volontaires. Le reste des ennemis fut chassé, et prist ouvertement la fuite : vne partie d'eux iettãt les fascines qu'ils portoient sur leurs testes pour combler nos lignes, et le reste s'en servans inutilement pour se couvrir des mousquetades; de sorte qu'il n'est entré aucun secours d'hommes ni de munitions dãs la place. Entre les Volontaires se firent remarquer les Ducs de Beaufort et de Mercœur : le cheval du premier ayant esté blessé sous lui de plusieurs coups, et le second abatu de dessus le sien à coups de piques : Mais le sieur de Batigni et l'Escuyer du Comte de Tresmes le relevérent : En suite dequoy il receut vne legere blessure d'vne balle de mousquet au défaut de la cuirasse. Le grand Escuyer de France fut aussi legerement blessé, son cheval estant tombé sous luy.

Le Mareschal de Chastillon y a esté pareillement blessé au visage et aux reins, mais par tout sans peril : comme aussi quelques autres, dont ie ne sçay point encore le nombre ni les noms : que i'attendray à vous faire sçavoir quand les Generaux iugeront équitable par les memoires qu'ils en voudront envoyer, de ne frustrer pas de leur honneur eux et ceux de leur armée qui l'ont bien merité. Ce qu'ils feront d'autant plus volontiers que le second prix de la vertu, apres celui qu'elle trouve en elle mesme, se rencontre dans la loüange, qui ne peut estre vraye, si le recit n'est veritable : et il ne peut estre plus vray, que dans la bouche de ceux qui font eux mesmes les actions, et qui en ont donné les ordres.

Tant y a que les fuyars des ennemis furent poursuivis et chassez bien avant dans leurs gros : contraint de se retirer apres avoir esté fort esclairci par nostre canon pointé bien à propos sur vne petite eminence prochaine.

Ils emmenérent force blessez, que l'on estime se monter à trois ou quatre cens, et entr'autres leur General Lamboy persé de trois mousquetades dans le corps, dont il s'est allé faire penser à Doüay. Cependant le reste de nostre convoi, qui estoit demeuré à Doulens, est arrivé en nostre camp deux iours apres le premier.

Ce qu'il y a de plus considerable en ce combat, qui merite bien le nom de bataille, est que nonobstant sa furie elle a duré en tout pres de dix heures, et en sa chaleur depuis midi iusques à cinq heures de relevée ; Les nostres ayans vniversellement montré tant de courage et de vigueur, que pour leur faire iustice, il nous faudroit ici transcrire d'vn bout à l'autre les rolles de leurs Commissaires. Dequoy toutesfois nous attendons plus de circonstances par ceux qui nous en peuvent mieux informer, que ne font les lettres des particuliers, desquelles tout ce que dessus a esté extrait.

Quant à l'estat du siége : il est tel, que la mine estoit le 4º de ce mois avancée douze pieds sous les murs des assiégez. Et bien qu'ils ayent respondu au Trompette qui les a n'aguéres sommez de se rendre, qu'ils n'estoient pas encore en estat de parler : nous espérons que le régime de vivre qu'on leur fera observer et l'effet de nostre poudre, leur feront revenir la parole. (*Gazette* du 8 d'Aoust.)

Relation du combat naguères donné devant Arras, où il est demeuré plus de deux mille des ennemis morts ou blessez.

Comme les bruits contraires semez par des personnes diversement affectionnées, m'avoient obligé à vous faire vn recüeil de ce que j'avois apris de plusieurs lettres des particuliers au sujet de cette mémorable ataque n'aguéres faite par les ennemis sur nostre camp devant Arras, en attendant les circonstances plus précizes : Ainsi, les venant d'aprendre, n'ay-je point voulu perdre de temps pour vous les faire sçavoir, avec la naïveté que je desirerois en tous les historiens, et sans laquelle la vérité ne sera jamais sceuë, qui est de coriger librement les premiers avis par les seconds; laissant à penser au Lecteur judicieux combien peu il se faut arrester aux lettres et avis des particuliers; puis qu'en vne matière si notoire et recente, comme celle-ci, elles se trouvent manquer en tant de circonstances que voici.

L'armée destinée pour la conduite du convoi arriva à Doulens le premier de ce mois avant midi. Après avoir repeu elle prit sa marche vers Arras sur les cinq à six heures du soir, et avec vne gayeté qui auguroit le bon-heur de son voyage, arriva à la pointe du jour à Beaufort, qui est à trois lieuës des lignes de circonvalation d'Arras. Le sieur du Hallier, qui la commandoit, voulut qu'elle attendist là le Mareschal de la Mesleraye, nonobstant les avis de quelques vns, qui insistoient qu'il falloit tousjours marcher, sans s'arrester en aucun lieu: la vraye intention de ceux qui avoient donné les premiers ordres estant de jetter le convoi dans le camp. Cette dispute fut bien-tost finie par l'arrivée du Mareschal de la Mesleraye, qui fut d'abord prise pour l'armée ennemie. Nos escadrons et bataillons furent aussi-tost formez par les Chefs: et nos troupes parurent aussi alaigres que si elles n'eussent travaillé qu'vne heure. Mais ayant apris que ce n'estoient que nos amis, toute l'affaire aboutit à envoyer promptement donner avis au Roy de cette action. Depuis laquelle nostre armée ne fit pas demie-lieuë que le Mareschal de la Mesleraye fit faire alte et vn grand desjuner de campagne, où tous les Chefs et les Princes firent vne rude charge, tesmoignans qu'ils avoient plus d'vne faim, la principale neantmoins estant celle de combattre. Pour laquelle appaiser aussi en son lieu: Voicy vn cavalier qui apporte avis à toute bride, de la part du Mareschal de Chastillon, que les ennemis attaquoient nos lignes et commançoient par le fort de Ramsau: qui fut assez promptement emporté par les régimens de Dom Pedro de Leon, de Guasco, de Punti et de la Riviere François et Normand, et de plusieurs autres de toutes nations. Ronseroles Mestre de camp le défendoit avec peu de succez, faisant toutesfois bien de sa personne, qui y fut blessée et son frere tué.

A cette nouvelle nostre armée vola plustost qu'elle ne courut, et se rendit à nos lignes où le Mareschal de la Mesleraye et le Marquis de Coaslin arriverent les premiers des Chefs, avec beaucoup de bonheur pour nos affaires: Car la meslée y estoit si rude que le Mareschal de Chastillon y avoit désia eu vn cheval tüé sous luy, comme avoit aussi eu le Grand Escuyer de France accouru des premiers à cette occasion à la teste des Volontaires. Le Marquis de Coaslin eut pareillemēt le sié blessé sous luy aussi-tost qu'il fut arrivé. Le Comte de Guiche y faisoit le possible, et tous nos Chefs, Officiers et autres agissoient en gens de cœur et d'honneur: et pource que ce fort de Ramsau pris par l'ennemi estoit defendu par plus de deux mille hommes, le Marquis de Coaslin se mit à la teste de l'infanterie, s'y en alla, et courut, sans y estre blessé, tous les dangers imaginables dans le plus grand feu de mousqueterie de part et d'autre qui se puisse voir: les ennemis rafraichissans leurs gens comme ils voulurent, puis que toute leur armée les soustenoit et les nostres allans courageusemēt à eux: car ce feu passé, dans lequel plusieurs furent blessez de part et d'autre, ils tirérēt l'espée, et bon nombre des deux partis tombérent de coups de main. Le Duc de Mercœur fut fort legerement atteint d'vne bale, et le Duc de Beaufort son frere tüa vn officier de l'ennemi à coup d'espée. Le Duc de Nemours se mesla courageusement avec les ennemis comme fit aussi le Duc de Luynes, accompagnans par tout les Ducs de Mercœur et de Beaufort. Le sieur de la Rochepot fut blessé à la teste, le sieur de Frontrailles au bras, et quelques autres ailleurs: Car bien qu'on ne pust aller aux ennemis que par vne planche, le desir de combatre estoit tel aux nostres que plusieurs l'a passoient et ce qui venoit aux mains estoit par eux taillé en pieces, mais la mousqueterie ennemie estoit fort vive. Le Mareschal de la Mesleraye ne dormoit pas cependant, et sa charge de General ne l'empeschoit pas de faire celle de Grand Maistre de l'Artillerie.

Il alloit, accompagné du Duc d'Enguien (Prince qui donnoit par toutes ses actions des preuves de son grand courage) ensemble de quelques autres Volōtaires, et ayant remarqué l'assiette de l'armée ennemie, qui estoit de plus de 20000 hommes, fit avancer trente canons de batterie, qui tirérent sur eux avec tant d'adresse et de bon-heur, que Cantelme depuis le combat lui envoya dire n'avoir jamais veu ni oüy parler d'un tel effet de canons: Tant il sembloit que les escadrons ennemis fussent vn blanc pour exercer nostre artillerie.

seul dehors qui leur restoit. Nous y perdismes environ 20 soldats de cette nation : entre lesquels fut blessé au bras le sieur de S. Denis, Commissaire à la conduite du régiment desdits Suisses. Le sieur Reding, frere et Lieutenant du premier Capitaine audit régiment, retourna trois fois à la charge, et en revint à chaque fois, avec vne grande blessure nouvelle, lesquelles neantmoins ne le laissent pas hors d'espérance de guérison. Demont Lieutenant de Chauvestin, Capitaine au mesme régiment arracha la pertuisane des mains de celui qui commandoit la sortie, et lui fendit depuis le sommet de la teste jusques à l'estomac, apres lequel exploit ce Lieutenant receut vn coup de mousquet à la teste mais aussi sans danger, comme on croid. Son Enseigne et celui de Carles Salis sont aussi blessez. Ledit Salis, Rohn et le Capitaine Gui de Hesdin, Lieutenant du Capitaine Erlac, comme aussi le Capitaine Rheding, furent blessez : l'Enseigne dudit Reding tué. Ce qui n'empescha pas le Prince d'Enguié et les Ducs de Nemours et de Luynes d'en aprocher. D'ailleurs Deschevets Capitaine, 2 Officiers et 50 soldats du régimét de Maygnieux, cõduits par le Mareschal de la Mesleraye en personne, jusques sur le bord du fosse de la ville, attaquérent, par son ordre, vn moulin et en rompirent les escluses pour envoyer l'eau dans les prairies et en vuider le fossé, afin de faciliter le chemin à nos mineurs. Ce qu'ils executérent sans y avoir perdu que deux soldats, et les mineurs ayans esté escartez par vne bombe, deux soldats du mesme régiment y ont travaillé jusques à la nuit, qu'ils furent relevez par d'autres.

Peu avant le convoy arrivé en ce Camp le septiéme de ce mois, sous l'escorte des sieurs du Hallier et de S. Preuil : Le Mareschal de la Mesleraye envoya 25 prisonniers dans la ville en eschange de 2 Officiers de nostre armée : Les ennemis estoient lors presque tous vers Douay et Sailly, où ils faisoient grand nombre de fascines pour tenter encore quelque chose contre nos lignes, si on leur en donne le temps et l'occasion. Sur le soir du mesme jour, vne de nos mines joüa auec tant de succez, que tout le rempart des ennemis en fut éboulé, et que la terre avoit renversé vne piece de leur canon du bastion dedans le fosse, dans lequel nos soldats ont fait en suite leur logement, de sorte qu'il n'y a plus du tout de dehors à gaigner sur les assiégez : Cette mesme mine a démonté vn autre de leurs canõs et l'a mis dans la pente. Ce que les assiégez voyans et nos soldats prests de donner assault ; sur vne nouvelle sommation qu'on leur a fait le 8 de se rendre : Ils ont demandé à parlementer, et promis de sortir les gens de guerre de la place dans le lendemain huit heures du matin : dont le temps vérifiera le succez. (*Gazette* du 11 Aoust).

La prise d'Arras par l'armée du Roy, sur les Espagnols.

Bien qu'il semble que vous ne deviez plus rien attendre apres ce titre, et que ce soit tout dire que vous anoncer la prise d'Arras : Si ne faut-il pas que j'imite en ce point les Romans, qui apres avoir décrit toutes les traverses et fortunes encouruës par leurs amoureux, se trouvent ordinairement inégaux, et leur stile plus rampant, lors qu'ils nous les representent au dessus du vent, et parvenus au point de la jouïssance.

Arras est pris, et dans luy les clefs du païs d'Arthois (si nos ennemis ne se mettent bien-tost à la raison) voire de toute la Flandre, dont elle estoit la capitale comme elle l'est de sa province, avant qu'elle eust esté desunie des Païs-bas et érigée en Comté par Philippes Auguste, qui l'a donna à Loüis son fils, premier Comte d'Arthois et pere du Roy S. Loüis : Que son fils Auguste en effet et Loüis de nom, aux titres de Iuste et de Conquerant, qu'il ne veut jamais separer, reünit aujourd'huy heureusement à sa Couronne.

Ce Comté ainsi donné en appanage à vn fils de France en l'an 1198; estant depuis la mort du dernier Duc de Bourgogne retourné à sa source : de droit, à faute d'homme et de devoirs non faits : et de fait, par la prise d'Arras apres le siége qu'y mit le Roy Loüis XI, l'an 1477, qui le rendit à son obeïssance : il y demeura jusques au temps de Charles VIII, sous le regne duquel, par la trahison de quatre bourgeois qui avoient fait faire des fausses clefs des portes de cette ville-là, l'Empereur Maximilian y fut introduit : qui l'avoit si bien fait fortifier et munir de tout, que non seulement les peuples par leurs ineptes et ridicules comparaisons des chats qui ne peuvent estre pris des ratz, mais leurs propres historiens luy donnent le titre d'Imprenable : qu'il luy faut desormais changer en qu'ils tenoient infaillible : d'où l'on a veu quel a esté l'effet de la celerité des nostres.

On envoya le mesme iour diverses parties à la guerre et aux trousses des ennemis pour épier leur contenance : qui revinrent le lendemain matin avec force soldats Italiens et Espagnols qu'ils ont amenez prisonniers en nostre camp : et disent avoir veu plus de 500 malades ou blessez que les ennemis ont laissé par le chemin : où nos Croates parloient de les aller penser : à quoi ils ont si bonne main qu'il ne laissent iamais de blessez ni de malades par où ils ont passé, principalement de renégats François : puis qu'il s'en trouve d'assez meschans et assez lasches pour estre tels : L'vn desquels blessé à mort entre le fort et nos lignes, détestant sa faute, dist en mourant que la perte des ennemis avoit esté telle que de tous leurs régimens qui avoient donné, il s'en estoit retourné peu d'Officiers, notamment que de celui de la Riviére, qui estoit le sien, n'estoit resté qu'vn de six Capitaines, dont il estoit composé, les cinq autres ayans esté tuez.

Les ennemis se sont bien vantez en se retirant qu'ils feroient vne seconde tentative : mais il est malaisé de se le promettre asseurement, sans nouveau renfort, ayans esté ainsi receus et veu qu'ils patissent de la sorte. Au lieu que nostre camp ne manque desormais de rien par les rafraichissemens qu'il a receus de tous ses convois et par la liberté des chemins, où les ennemis s'estoient auparavant retranchez.

Il reste après cette heureuse journée que ie vous rende conte de ce qui s'est passé en suite à ce memorable siege, en attendant sa fin. L'effet de l'avantage susdit remporté par les nostres fut, que les assiegez ne dirent plus d'injures à nos gens dés la nuit suivante, comme ils avoient de coustume : et bien que la ville ayant esté sommée pour la seconde fois, avant que de mettre le feu à vne mine qui devoit iouër le 8 de ce mois, ait respondu qu'elle ne pouvoit rien faire sans l'ordre du Cardinal Infant, et que pressée de respondre presentement, elle ait répliqué qu'elle le feroit dans trois mois, i'espere avant qu'il soit peu de jours vous en dire d'autres nouvelles : et ce d'autant plûtost qu'vn nouveau convoi de neuf cens charettes parti de Doulens le septième sur les deux heures apres minuit, par les sieurs du Halier et de S. Preüil, fut conduit ce jour-là iusques au lieu dit le camp de Cesar, qui n'est qu'à demie lieuë du nostre : dans lequel ils le virent entrer et demeurérent en bataille durant deux heures, tant que tout fust serré, non seulement sans perte d'homme, mais sans qu'aucun des ennemis ait paru. (*Gazette*, du 10 Aoust.)

D'Amiens, le 8 d'Aoust 1640.

Nos blessez au camp deuant Aras, en sont arrivez en cette ville, mesmes le Colonel Ramsau : qui fut bien à propos transporté de son quartier peu auparavant que les ennemis y entrassent, lesquels se saisirent de tout son bagage. Le Marquis de Fors est demeuré à Doulens pour quelque fiévre suruenuë à sa blessure. Le Comte de Brancas, fils du Duc de Villars, n'a pû aussi estre ici transporté, pour estre encor trop foible de la mousquetade qu'il receut au combat de Buquoy : Auquel fut blessé le sieur de Becquancour, Cornette du feu Baron de Neuvillette, des playes dont il est naguéres mort.

Du camp devant Arras, le 8 *Aoust* 1640.

Encor qu'il soit impossible de loger en vn article tant de beaux exploits que ce siége nous produit tous les jours : si est-ce que je ne vous puis taire, mesme en ce racourci, la valeur de nos assiégeans. Comme les régimens de Vervins et Bourdonné s'estoient la nuit du 25 du passé, apres l'effet de la mine, logez sur la demie-lune en l'attaque du Mareschal de Chastillon : Laquelle ayant esté le 28 recouvrée par les ennemis, fut le mesme jour regaignée sur eux, par le régimēt du Mareschal de Brézé : Ainsi, sur la minuit du mesme jour les régimens de Rambure et de Pontchasteau, apres que la mine eut aussi fait son jeu sous la demié-lune de l'ataque du Mareschal de la Mesleraye, s'y logérent, mais avec moins de perte que les précedens. Il n'en fut pas de mesme de la sortie que les assiégez firent le 30e sur les Suisses et le régiment de Gransey. Car voyans qu'outre les deux batteries que nous avons sur le fossé de la ville on en dressoit vne autre sur cette demie-lune, qui devoit foudroyer le long de la courtine et qu'on commançoit à perser le fossé, ils se résolurent à faire vn grand effort pour l'empescher. Tout ce qu'il y avoit de gens de guerre ayant fait sortie sur nos Suisses, gaignérent cette demie-lune sur eux, mais ils l'a reprirent bien-tost apres sur les ennemis, qu'ils recognérent bien viste dans leur fossé, le seul dehors qui leur restoit. Nous y perdismes environ 20 soldats de cette nation : entre lesquels fut blessé au bras le sieur de S. Denis, Commissaire à la conduite du régiment desdits Suisses. Le sieur Reding, frere et Lieutenant du premier Capitaine audit régiment, retourna trois fois à la charge, et en revint à chaque fois, avec vne grande blessure nouvelle, lesquelles neantmoins ne le laissent pas hors d'espérance de guérison. Demont Lieutenant de Chauvestin, Capitaine au mesme régiment arracha la pertuisane des mains de celui qui commandoit la sortie, et lui fendit depuis le sommet de la teste jusques à l'estomac, apres lequel exploit ce Lieutenant receut vn coup de mousquet à la teste mais aussi sans danger, comme on croid. Son Enseigne et celui de Carles Salis sont aussi blessez. Ledit Salis, Rohn et le Capitaine Gui de Hesdin, Lieutenant du Capitaine Erlac, comme aussi le Capitaine Rheding, furent blessez : l'Enseigne dudit Reding tué. Ce qui n'empescha pas le Prince d'Enguié et les Ducs de Nemours et de Luynes d'en aprocher. D'ailleurs Deschevets Capitaine, 2 Officiers et 50 soldats du régimēt de Maygnieux, cōduits par le Mareschal de la Mesleraye en personne, jusques sur le bord du fosse de la ville, attaquérent, par son ordre, vn moulin et en rompirent les escluses pour envoyer l'eau dans les prairies et en vuider le fossé, afin de faciliter le chemin à nos mineurs. Ce qu'ils executérent sans y avoir perdu que deux soldats, et les mineurs ayans esté escartez par vne bombe, deux soldats du mesme régiment y ont travaillé jusques à la nuit, qu'ils furent relevez par d'autres.

Peu avant le convoy arrivé en ce Camp le septiéme de ce mois, sous l'escorte des sieurs du Hallier et de S. Preuil : Le Mareschal de la Mesleraye envoya 25 prisonniers dans la ville en eschange de 2 Officiers de nostre armée : Les ennemis estoient lors presque tous vers Douay et Sailly, où ils faisoient grand nombre de fascines pour tenter encore quelque chose contre nos lignes, si on leur en donne le temps et l'occasion. Sur le soir du mesme jour, vne de nos mines joüa auec tant de succez, que tout le rempart des ennemis en fut éboulé, et que la terre avoit renversé vne piece de leur canon du bastion dedans le fosse, dans lequel nos soldats ont fait en suite leur logement, de sorte qu'il n'y a plus du tout de dehors à gaigner sur les assiégez : Cette mesme mine a démonté vn autre de leurs canôs et l'a mis dans la pente. Ce que les assiégez voyans et nos soldats prests de donner assault; sur vne nouvelle sommation qu'on leur a fait le 8 de se rendre: Ils ont demandé à parlementer, et promis de sortir les gens de guerre de la place dans le lendemain huit heures du matin : dont le temps vérifiera le succez. (*Gazette* du 11 Aoust).

La prise d'Arras par l'armée du Roy, sur les Espagnols.

Bien qu'il semble que vous ne deviez plus rien attendre apres ce titre, et que ce soit tout dire que vous anoncer la prise d'Arras : Si ne faut-il pas que j'imite en ce point les Romans, qui apres avoir décrit toutes les traverses et fortunes encouruës par leurs amoureux, se trouvent ordinairement inégaux, et leur stile plus rampant, lors qu'ils nous les representent au dessus du vent, et parvenus au point de la jouïssance.

Arras est pris, et dans luy les clefs du païs d'Arthois (si nos ennemis ne se mettent bien-tost à la raison) voire de toute la Flandre, dont elle estoit la capitale comme elle l'est de sa province, avant qu'elle eust esté desunie des Païs-bas et érigée en Comté par Philippes Auguste, qui l'a donna à Loüis son fils, premier Comte d'Arthois et pere du Roy S. Loüis : Que son fils Auguste en effet et Loüis de nom, aux titres de Iuste et de Conquerant, qu'il ne veut jamais separer, reünit aujourd'huy heureusement à sa Couronne.

Ce Comté ainsi donné en appanage à vn fils de France en l'an 1198; estant depuis la mort du dernier Duc de Bourgogne retourné à sa source : de droit, à faute d'homme et de devoirs non faits : et de fait, par la prise d'Arras apres le siége qu'y mit le Roy Loüis XI, l'an 1477, qui le rendit à son obeïssance : il y demeura jusques au temps de Charles VIII, sous le regne duquel, par la trahison de quatre bourgeois qui avoient fait faire des fausses clefs des portes de cette ville-là, l'Empereur Maximilian y fut introduit : qui l'avoit si bien fait fortifier et munir de tout, que non seulement les peuples par leurs ineptes et ridicules comparaisons des chats qui ne peuvent estre pris des ratz, mais leurs propres historiens luy donnent le titre d'Imprenable : qu'il luy faut desormais changer en celuy d'obeyssante, ou plutost le garder en reprenant celuy de Ville-Françoise, que Louys vnziéme lui avoit donné, et qu'elle fera mieux de conserver inviolablement, pour ne renouveller point la memoire des changemens qu'elle a autrefois experimentez.

Reprenans donc le fil de nos derniers memoires : nous avons laissé l'armée du Roy logée dedans le fossé des assiégez réduits à parlementer, incontinent apres l'effect de la derniere mine, par l'apprehension d'vn assaut, où ils couroient hazard du pillage, et des autres extremitez que souffre vne ville exposée à la discretion du soldat vainqueur : Dequoy les feux de joye furet faits dans Amiens des le 8 de ce mois : et on s'attendoit que selon qu'il avoit esté conclu, leurs gens de guerre sortiroient des le lendemain sur les huit heures du matin.

Mais comme les petites douleurs font bien porter la main à la partie offencée ; mais les extrémes y portent tous les esprits et leur font abandonner le cœur, d'où viennent les syncopes et défaillances. De mesme, Buquoy avoit bien attaqué nos charrettes, et Lamboy nostre ligne : Mais quãd il fut question de perdre Arras, le Cardinal Infant y vint lui mesme ; et se presenta en bataille à la veuë des assiégez à dessein de leur hausser le courage : toutesfois avec vn succés tout contraire : sa retraite leur ayant fait faillir le cœur.

Nos Generaux voyans que les Espagnols s'estoiet mis en cette posture, pour épier l'occasiõ de l'assaut que donneroient les nostres, afin d'assaillir nos lignes par le derrière, qu'ils ne croyoient pas devoir estre assez bien gardées pour leur pouvoir resister dans la chaleur du combat, nos forces estãt desvnies ; Il fut avisé d'en avertir le sieur du Hallier ; qui s'avançant avec son armée, se vint présenter à celle du Cardinal Infant. Lequel voyant qu'il trouveroit à qui parler, sans que ceux qui estoient commandez pour donner l'assaut en cas de besoin, fussent obligez de s'en mesler ; se retira à petit bruit, avec le déplaisir et le regret que vous pouvez croire, de laisser prendre à sa veuë vne telle place : La perte de laquelle, pour importante qu'elle soit, est encor de moindre consequence à la Maison d'Austriche que celle de sa réputation (par laquelle seule les Rois régnent) et qu'elle a grandement blessée en cette occurence.

Car l'attaque faite par l'armée du Roy n'a pas tant esté contre cette ville que contre les forces d'Espagne, presque toutes employées à sa défense; et cette victoire n'a pas esté dérobée, mais emportée de haute lutte. C'est pourquoi ceux qui sont versez dans les affaires s'en promettent d'estranges consequences: Ce succez ne permettant pas que l'Espagne aille desormais du pair avec la France, non plus en cas de siége qu'en bataille rangée, ou cette-ci a tousjours donné son reste à l'autre: et, en vn mot, apprenant à nos ennemis que l'on n'ataque plus en France de places sans les prendre.

De fait, cette levée de bouclier du Cardinal Infant n'a servi qu'à retarder vingt quatre heures la reddition d'Arras, d'où la soldatesque de l'ennemi est sortie, et les troupes du Roy sont entrées en leur place, apres vn siége de deux mois, le 10 de cettui-ci, suivant les articles de leur capitulation, que j'espere vous donner en bref. (*Du Bureau d'Adresse, le 13 Aoust*).

Les articles de la réduction d'Arras à l'obéissance du Roy. Avec quelques particularitez du siége omises aux précédentes relations.

Ce memorable siége, sur lequel toute l'Europe avoit les yeux fichez, a eu tant de circonstances qu'elles ne se pouront jamais épuiser ni décrire assez exactement, à moins que les Generaux, à l'imitation de quelques autres, assemblêt les Chefs, et les facêt côvenir des exploits qui s'y sont faits par chacune journée, pour en rendre l'honneur à qui se trouvera l'avoir mérité; voire à la mode de César, en dressent eux-mesmes les commentaires. De fait, puis qu'ils prennent bien la peine de les mener aux coups, moissonner de la gloire; pourquoy refuseront-ils le soin de leur en faire part? m'exemptant du travail et du blasme que je ne puis autrement éviter: le premier, souvent avec peu de succez; le second, tousjours avec beaucoup d'injustice. Cependant je vous fais part d'vne lettre qui m'est tombée entre les mains, servant à l'esclaircissement de ce qui s'est passé en ce siége.

Extrait d'vne lettre écrite du camp devant Arras le jour de sa reddition.

On commança la circonvalation d'Arras le 14ᵉ de Iuin et

elle fut mise en estat de défense le 24ᵉ : auquel jour, Lamboy logé à Doüay et à l'Escluse avec 8 mille hommes sortit de ses retranchemens avec plusieurs escadrons de cavalerie, et vint attaquer le quartier du Mareschal de la Mesleraye ; lequel estant allé à eux en personne, fit la premiére descharge avec ses gardes sur vn escadron avancé, qui plya, et en suite l'ennemi fut repoussé, comme vous avez sceu. Trois jours apres nostre cavalerie qui batoit l'estrade au tour des lignes, prit six vingts Espagnols et Italiens Officiers reformez et soldats, choisis par le Cardinal Infant pour secourir la place assiegée ; lesquels descouverts par la sentinelle, furent pris et envoyez au Roy. Le 4ᵉ Iuillet le régiment des gardes Françoises fit l'ouverture de la tranchée, gaigna une Eglise sur les ennemis, où ils faisoient leur garde à cheval, à 700 pas de la ville, et y commança vne redoute. Le 5ᵉ il fut relevé par cinq compagnies des gardes Suisses, qui eurent commandement de gaigner les mazures de l'Eglise des Iacobins, qui estoit avancée de 500 pas et cōmancée à ruiner par les assiégez : les Suisses estãs à 300 pas du bataillon des gardes Françoises qu'ils alloient relever, vne mine joüa, abatit la tour de l'Eglise, et bouleversa toute l'Eglise mesme, jusques au Chœur, qui se trouva comblé de ses ruines. A l'entrée de la nuit les Suisses avancérent 30 mousquetaires menez par vn Sergent, soustenus par 50 hommes commandez par le jeune Hercules de Salis Lieutenant de son père, assisté de l'Enseigne Buëé et de Rodolphe de Salis Lieutenant reformé, suivis encore d'autres 100 hommes commandez par le Capitaine Raaz avec vn Lieutenant et l'Enseigne de Schauvenstein : le reste desquels fut mis aux bataillons de reserve que mena le Capitaine Carle de Salis. En cette disposition, les nostres marchérent droit vers les mazures de l'Eglise : à deux cent pas de laquelle le Comte de Gransey Mareschal de camp s'estant avancé, commanda quelques fantassins de visiter tous les détours. Ce qu'ils firent sans y avoir trouvé, ni dans les prairies et jardinages voisins, que huict mousquetaires ennemis logez dans vne porte du fauxbourg à demi ruinée, ou ayans esté investis par le Prevost et Enseigne du Colonel Salis, ils blesserent ce Prevost d'vne mousquetade qui lui emporta le bras jusqu'aupres de l'espaule. Cependant qu'on garnissoit nos tranchées de nostre bataillon de reserve, qui estoit de six à 7 cens hommes, desquels on détachoit à mesure qu'il en falloit pour garnir tous les postes qu'on prenoit sur les assiégez : ils se présentérent pour la 5 fois à la teste de nostre travail : mais ils furent si bien receus qu'ils n'eurent pas le courage de donner, ains nous laissérent tout ce que nous avions pris. Le jour venu nous avansames nos troupes en deux places d'armes, qui se trouvérent dans le clos des murs du cloistre fort propres à secourir nos tranchées. Le régiment de Gransey estoit vis à vis de celuy des Suisses à leur main droite dans vn autre cloistre ruiné avec de pareilles sorties : mais vn peu moins avancé. Le reste du jour aussi bien que la nuit s'employa en des salves continuelles, qui n'empeschérent pas que le Mareschal de la Mesleraye et le Marquis de Coaslin ne visitassent ces postes qu'ils trouvérent fort avancez. Le Mareschal de Chastillon y vint aussi le soir du mesme jour, et apres avoir ordonné vn nouveau travail pour faire vne batterie plus à la main gauche des Suisses pres d'vne autre mazure leur en tesmoigna aussi de la satisfaction. Comme fit pareillement le Duc de Chaunes. Le 10, six cens des ennemis qui estoient à la campagne assaillirent le Mont Sainct Esloy : qui fut bien défendu par deux cens hommes du régiment d'Andelot, autrement de Beausse : mais le 13 toute l'armée ennemie s'en estant approchée, laquelle on faisoit monter à vingt-cinq mille hommes, ils furent contraints de se rendre, et conduits par les ennemis jusques à la veuë de nostre garde de cavallerie. Surquoy nos generaux ordonnérent que le régiment des Gardes Françoises et Suisses demeureroient en leurs quartiers, pour s'oposer aux ennemis si proches; ce qui leur fit passer vne garde sans aller aux tranchées, cependant que les autres régimens firent vne baterie de huit canons, et poussérent les tranchées jusques à 20 pas de la contr'escarpe, où les Gardes Françoises les relevèrent le 17 : et trouvans cette contr'escarpe trop bien garnie pour s'en emparer, selon l'ordre qu'ils en avoiët ils s'y attachérent par la sappe. Le 18, les Suisses les relevérent et le Capitaine Carle-Salis avec l'Enseigne Frederic Metteler à la teste de 50 enfäs perdus : dont il y en avoit 20 armez de corselets, bourguignotes et halebardes, quinze mousquetaires à leur teste et autant à la queuë. Le sieur du Mane conduisoit apres eux 100 hommes, piquiers et mousquetaires, pour les soustenir, le reste gardant la tranchée, reduit en deux bataillons pour soustenir encor au besoin les premiers. Le régiment de Gransey en fit autant de sa part avec bon nombre de gabions, fascines et tonneaux pleins de terre, et tous en mesme ordre et en mesme temps s'avancérent et donnérent courageusement à la contrescarpe, où les assiégez faisoient ferme et les attendoient en bonne resolution, se défendans principalement à coups de picque, dont ils blessérent plusieurs des nostres. Ce que voyant Metteler, et le temps qui se consumoit à charger les mousquets, il s'avisa de se servir des pierres qui estoient-là en abondance : par l'aide desquelles les nostres chassérent les assiégez à plus de 300 pas de leur poste; et cependant nos gens s'avancérent et firent leur logement sur le haut de la côtrescarpe, qui fut mis en défese en moins de 2 heures par vne partie, tâdis que l'autre escarmouchoit de ces armes qu'il trouvoit sous sa main. Tout cela se passa la nuit : le lédemain sur les huit heures du matin, le Mareschal de Chastillon estant venu visiter ce travail, commanda qu'on fist vne esplanade dans le logement des Suisses, pour y placer deux canons : Ce qui fut fait la nuit du 20 dudit mois : lesquels toutesfois n'ont tiré qu'vn ou deux coups, à cause des mineurs qui persérent peu aprés la contr'escarpe pour aller au fossé de la demie-luné : en laquelle occasion 8 de nos soldats furent tuez, 35 blessez et le Lieutenant Salis fut fait prisonnier, se retirant de la contr'escarpe avec vn Capitaine du regiment de Gransey qui fut aussi blessé. Le 23 le regiment des Suisses envoya 70 mousquetaires au devant du convoi de Doulens, et les Gardes Françoises 100 commandez par deux Lieutenans. Depuis lequel il en est entré plusieurs autres dâs nostre câp : Mais celui qui fut conduit par le sieur du Hallier, assisté des soins des sieurs de Lenoncourt et d'Hoquincourt, Mareschaux de camp en son armée, et de nos Volontaires : entre lesquels se signala le sieur d'Andelot, fils du Mareschal de Chastillon : comme aussi le Baron de Paluau, les sieurs de la Roulerie, de S. Martin, et plusieurs autres dont je n'ay pû encore sçavoir les noms : ce convoi, disje, est des plus memorables : Les Mareschaux de Chaulnes et de la Mesleraye ne l'ayans pas seulement esté recevoir, et fait entrer en nostre camp à la barbe de plus de vingt-cinq mille hommes qui le vouloient empescher : mais s'estans le mesme jour genereusement portez à la défense de nos lignes, où le régiment des Gardes fit des merveilles, et notamment le second bataillon d'icelui, commandé d'aller au devant de ce convoi : duquel bataillon estoit la compagnie du Marquis de Chandelier par lui conduite, et qui a receu dans la cuisse vne mousquetade favorable. L'issuë de ce combat des nostres côtre Láboy luy a encor esté plus funeste qu'on n'avoit dit. Le Comte de Villerval et vn Colonel Irlandois qui estoit prisonnier en nostre camp, sont morts de leurs blessures. Aussi en cette occasion la valeur des nostres a esté presqüe au de là de toute loüange. Outre les remarques que je vous ay faites, le Comte de Grancey Mareschal de camp y eut son cheval tué sous lui, comme aussi le sieur de Villequier Gouverneur de Bologne, et le Comte de Lanoy s'y est signalé. Le Duc de Chaunes a donné en cette occasion et dans tout le siége des preuves de son courage, de sa diligence et de son zele au service du Roy. Le Colonel Gassion n'a point démenti la valeur de ses precedents exploits. Depuis ce temps-là on a perpetuellement travaillé à la mine de l'ataque du Mareschal de la Mesleraye. L'effet de laquelle ayant contraint, le 8 du courant, les ennemis à parlementer : Vnze des principaux bourgeois de la ville en sortirent à cette fin : mais la garnison et le menu peuple n'ayant pas voulu recevoir nos ostages, le traité fut rompu : et tous les clochers et lieux eminens de la ville resplendirent toute la nuit de feux allumez pour tesmoigner leur extremité à l'armée du Cardinal Infant, qui vint à ce sujet le lendemain de Doüay, où elle s'estoit retirée depuis le combat, et se presenta le 9 sur les 8 heures du matin, à la portée du mousquet de nos lignes, qu'ils firent mine de vouloir attaquer : Mais l'armée du sieur du Hallier leur ayant fait perdre courage, de crainte de s'enfermer entre nos deux armées, ils se retirérent à Sailli. En suite de quoy le Mareschal de la Mesleraye envoya derechef sommer la ville assiegée : d'où le sieur de la Guette, lequel y fut envoyé, amena neuf des principaux habitans avec pouvoir de traiter mesmes de la part de la garnison : qui ayans demandé des ostages, on leur envoya ledit sieur de Guette, et le sieur de S. Luc qui commande les gardes du Mareschal de la Mesleraye : et les assiegez firent sortir le Comte de Megre, Capitaine de cavalerie, et le Major de la ville. Le traité ayant esté achevé le mesme jour 9ᵉ : les assiegez offrirent de recevoir garnison des le soir, mais nos Generaux ny voulurent point consentir, de crainte du desordre que la nuit eust pû causer. Toutesfois les gēs de guerre sortirent de la ville dés le soir, et se logérent dans les dehors jusques au lendemain 10, qu'ils s'en retirérent au nombre de 1500 fantassins et 500 chevaux qui furent conduits à Doüay : mais il n'est point sorti de canon, bien qu'on leur en offrist : les habitans ayant soustenu qu'il leur apartenoit. Le Duc de Chaunes Gouverneur de la province, entra dans la place avec six régimens, sçavoir, ceux des Gardes Françoises, Suisses et Piedmont, de l'armée du Mareschal de Chastillon : et ceux de Champagne, Navarre et de la Marine, de l'armée du Mareschal de la Meseleraye : qui fit aussi-tost chanter le *Te Deum* dans la principale Eglise de la ville, où l'Evesque d'Auxerre officia avec des acclamations publiques de *Vive le Roy de France*. Le sieur de S. Preüil pour marque de ses grands services, notamment de ceux qu'il a rendus en ce siége, a esté pourveu par le Roy du gouvernement de cette importante place, duquel il a presté le serment entre les mains de Sa Majesté. On dit qu'il s'est trouvé dans plusieurs villes de Flandres des billets : par lesquels les Flaméns menacent de se souslever et quiter le parti du Roy d'Espagne, s'il laissoit prendre Arras. La teneur de quelques-vns de ces billets estoit telle, *Tui captum sumus usque ad Aras*. Il y avoit en d'autres, *Tùnc cave cum fidei bene non servaveris Arras*: Et d'autres encore en divers mots, mais tous de mesme sens ; Nous verrons s'ils lui tiendront parole. Cependant voici la capitulation de cette fameuse ville en sa naïveté.

Articles accord'es par les Generaux de l'armée du Roy, à Eugenio Oneil, Mestre de camp d'un régiment Irlandois pour le service de sa Majesté Catholique, et Commandant les gens de guerre dans Arras.

I.

Que ledit Mestre de camp Dom Eugenio Oneil et autres Mestres de camp, Gouverneurs, Capitaines tant de cavallerie que d'infanterie, Officiers, soldats et tous gens de guerre, et tous ceux qui sont à la solde de sa Majesté Catholique, tant Ecclesiastiques que seculiers, sortiront ce soir dans les dehors de la ville : Et pourront les Officiers demeurer dans les maisons : et seront tous demain conduits à Doüay par le plus court chemin, avec quatre canons et un mortier ; Sçavoir : deux piéces de 16 livres de bale, et deux de six ; bale en bouche, tambour batant, mesche allumée et enseigne déployée, comme ils ont accoustumé de marcher à la guerre.

II.

Que lesdits gens de guerre seront conduits en toute seureté, par deux cents Chevaux François naturels, jusques à ladite ville de Doüay, en deux jours ou en vn s'il se peut ; Et on commettra quelque Officier pour la garde de la personne dudit Mestre de camp, en donnant ostages pour la seureté du convoi.

III.

Sera permis, à ceux qui voudront, de laisser des meubles en telle maison qu'ils verront bon estre, avec toute sorte de seureté : Et leur sera donné passeport pour les faire conduire ou bon leur semblera ; ensemble pour les blessez et autres qui voudront y séjourner ; mesmes vn Officier que l'on laissera à cette fin.

IV.

Que les prisonniers pris durant le siége, tant de part que d'autre, seront relaschez, mesmes Monsieur le Duc de Virtemberg.

V.

Que ceux qui sont au service de sa Majesté Catholique et qui sont presentement dans la ville, y ayans quelques biens, meubles ou immeubles, auront vn an pour faire vendre par procure leurs susdits biens, et s'ils y veulent retourner, le pourront faire dans six mois, et auront lors les mesmes privileges que les habitans de ladite ville, en preserment de fidelité.

VI.

Et si quelques-vns desdits gens de guerre estoient mariez, ils pourront laisser leurs femmes dans la ville pour songer à leurs affaires.

VII.

L'on ne visitera aucun bagage ni ouvrira aucun cofre, sous quelque pretexte que ce soit, notamment celui de

Monsieur le Comte de (1)   : Et sera son bagage et celui de ses domestiques transporté en toute seureté jusques à ladite ville de Doüay ; Et ledit sieur Colonel asseurant qu'il n'y a aucuns François cachez, ni aucunes armes et munitions.

VIII.

L'on ne pourra redemander ni repeter aucuns chevaux, habits ou autre butin pris devant et durant le siége : Mais le tout demeurera en la possession de ceux qui les auront pris ou achetez selon les droits ordinaires de la guerre.

IX.

Aucun soldat ne pourra estre arresté pour dette particuliere. Fait au camp devant Arras le 9e Aoust 1640.

Articles accordez à Messieurs les Députez des Ecclesiastiques, Nobles, Magistrats, Corps et Communautez des Ville et Cité d'Arras, par les Generaux de l'armée du Roy, suivant le pouvoir qu'ils en ont et qu'ils promettent faire ratifier par Sa Majesté.

I.

Premierement, Que toutes offenses et actes d'hostilité commises devant et apres le siége, seront entiérement oubliées et pardonnées.

II.

La liberté de Conscience ne sera permise dans ladite ville et cité, faux-bourgs et banlieuë d'icelle ; Ains la foy Catholique Apostolique et Romaine seule maintenuë et conservée ; Et le Roy sera suplié de n'y establir aucun Gouverneur, Officiers et soldats d'autre Religion.

III.

Que le Saint Cierge et toutes les autres Reliques ne seront transportées hors de ladite Ville et Cité.

---

(1) Ce nom est en blanc dans la *Gazette* ; mais nous savons par d'autres documents qu'il s'agit ici du comte d'Isembourg. — V. A.

IV.

Que tous les bourgeois et habitans desdites Ville et Cité, presens et absens, et autres réfugiez ou enfermez, de quelle qualité et condition qu'ils soient, Ecclesiastiques ou autres Officiers de sa Majesté Catholique, ou non, pourront continüer leur demeure dans ladite Ville et Cité l'espace de deux ans prochainement venans, sans y estre recherchez ni inquiétez pour chose que ce soit; pourveu qu'ils vivēt en toute modestie et fidelité; Pour se resoudre pendant lesdits deux ans s'ils veulent continüer leur demeure ou sortir : Et en cas de départ, le pourront librement faire quand bon leur semblera; Comme aussi demeurer, en prestant serment de fidélité.

V.

Qu'audit cas, leur sera permis la propriété et joüissance de tous leurs biens: pour en disposer, les transporter, donner, vendre, aliéner, changer et engager comme ils trouveront à propos : ou bien les faire recevoir et administrer par tels qu'il voudront ordonner : Et venans à mourir hors ou dedans ladite Ville et Cité sans avoir fait testament ou autre disposition telle quelle fust, en ce cas leurs biens suivront ceux qui seront leurs héritiers, ou bien ceux qui seront leurs plus proches parens respectivement.

VI.

Qu'aux Ecclesiastiques, bourgeois et habitans qui sont absens et residens ailleurs, leur sera concedé la liberté de retourner en ladite ville avec leurs femmes et enfans, dedans trois mois à conter de ce jour pour apres deliberer de leur demeure, disposition de biens, ou sortir dedans deux ans.

VII.

Que lesdits bourgeois et habitans desdites ville et cité gouvernance et ressort seront exemps de la gabelle du sel, et pour les autres impositions seront traitez comme tous les autres sujets du Roy, et ne sera mis aucune imposition, que par convocation, consentement et assemblée des Estats, conformement à leurs Privileges.

VIII.

Que les nobles et autres possedans fiefs esdites ville, cité et gouvernance seront deschargez du ban et arriere-ban, suivant leurs anciens Privileges.

IX.

Que lesdits bourgeois et habitans ayans presté serment de fidelité, ne pourront estre envoyez hors de la ville pour faire colonie.

X.

Que l'Evesque, Chapitre, comme toutes autres personnes indifferemment, tant Ecclesiastiques, Religieux avec leurs suposts, Beneficiers, Reguliers ou Seculiers: Pasteurs, College des Peres de la Société, les Cloistres, hospitaux, Pauvretez; comme aussi toutes autres personnes de quelque estat, condition, dignité, qualité, ordre ou fonction que ce soit, sans en excepter aucun; mesme ceux du patronnage de France, pourveus, tant devant que depuis cette presente guerre par sadite Majesté Catholique, ou ses predecesseurs par droit de guerre ou autrement, demeureront et seront maintenus en possession paisible de tous leur estats, droits, rentes, revenus, dignitez, privileges, franchises, libertez, exemptions, seigneuries, jurisdictions, collations de prebandes, benefices, offices, fonctions, administrations, vsages quelconques, sans exception: et comme tous et chacuns les ont ci-devant et jusqu'à maintenans tenus, possedez et vsez sans qu'à personne soyent en iceux fait aucun obstacle, dommage ou empeschement; le tout en prestant serment de fidélité.

XI.

Sera pourveu à la Prelature des Abbayes en la maniere accoustumée.

XII.

Que la nomination faite à l'Evesché d'Arras tiendra, pourveu que dans vn an celuy qui a esté nommé vienne prester le serment de fidelité au Roy.

XIII.

Que les Presidens et gens du Conseil d'Arthois, Officiers Fiscaux et suposts seront maintenus en ladite ville, avec leurs immunitez, authoritez, iurisdictions, prerogatives, et autres privileges à eux attribuez, par l'erection du conseil.

XIV.

Que tous les privileges tant generaux que particuliers, dont jouissent lesdits bourgeois, leur seront de poinct en poinct maintenuz et gardez, et en jouiront à l'advenir comme devant, et les Deputez ordinaires des Estats maintenus en leurs charges, honneurs, émolumens et gages, en la forme accoustumée.

XV.

Que toutes personnes indifferemment de quelle qualité et condition qu'ils soient, Officiers du Roy, des Seigneurs particuliers ou autres, feront conservez en leursdits Estats et Offices, avec tous les mesmes droits, privileges, émolumens, dont ils ont tousious joüy et joüissent à present.

XVI.

Les Corps et Communautez des mestiers de ladite ville seront maintenus et conseruez en leurs anciens privileges.

XVII.

Que les rentes deües par les Estats au quartier d'Arras, seront conservées aux propriétaires, et pour le payement d'icelles, et autres debtes créées durant la presente guerre, les imposts et autres moyens seront continuez pour subvenir aux payements desdites rentes.

XVIII.

Toutes les debtes et rentes faites et contractées tant durant ce siege qu'auparavant iceluy, sous le nom de sadite Majesté Catholique jusques à present, seront payées et acquitées de ses domaines au quartier d'Arras.

XIX.

Que toutes les debtes, et rentes créées et contractées par ladite ville et cité, demeureront et seront payées des deniers tant du Domaine que fortifications d'icelle.

XX.

Que le receveur des Estats et Argentier desdites ville et cité ne pourront estre inquietez ny recherchez pour les deniers de leur entremise et administration, pour quelque cause que ce soit, ni leur compte sujet à aucune reveuë par les Officiers de sa Majesté, et par les Deputez ordinaires et Magistrats des villes : et les Receveurs des Estats demeureront indamnizez des obligations qu'ils ont passez en leurs noms privez pour le passé, dequoy les Estats ont profité.

XXI.

Que lesdits habitans seront remis en leurs biens, au cas qu'ils eussent esté confisquez durant la guerre : comme aussi les paysans avec leurs familles, bestiaux et vstensiles de labeur pouront retourner chez eux.

XXII.

Que toutes les rentes et debtes deües tant par les Seigneurs particuliers qu'autres hypotheques ou non, sur tel bien que ce soit, seront conservez en leur force et vertu comme aussi toutes autres debtes de bourgeois ou marchands.

XXIII.

Que tous les Ecclesiastiques, Gentils-hommes, Nobles, Officiers Royaux, Magistrats régnants et Issants, et commis aux chartes, seront exempts de logement des gens de guerre.

XXIV.

Que les soldats logez és maisons des bourgeois se contenteront du logement et des vstensils, comme il se pratique en France.

XXV.

Que toutes personnes indifferemment, estrangers ou autres ayans biens, ressortissans mediatement ou immediatement audit Conseil d'Arras, les pourront vendre, donner, engager, ceder et transporter du tout ou en partie, regir et administrer par autres, et en telles forme et maniere que bon leur semblera, et ce dedans deux ans, sans que lesdites ventes, donations et engagemens, cessions, transports et administrations puissent cy-apres estre debatües de nullité ou collusion, ny sujets à confiscation, ou annotation, pour quelque pretexte que ce soit, sans qu'il soit besoin d'obtenir aucune permission ou octroi.

XXVI.

Que tous les Estats qui ont esté infeodez par sadite Majesté Catholique et autres Princes, demeureront aux proprietaires en payant le relief en cas de mort et droits seigneuriaux en cas de vente, selon qu'il est contenu par les lettres d'infeodation.

XXVII.

Que le Mont-de-pieté, bagues, joyaux, pierreries, meubles y engagez et ceux apartenans au surintendant et Officiers, seront pris en la protection du Roy et y maintenus avec les privileges et prerogatives à eux accordez par leur institution et du depuis, sans aucune innovation, tant au regard de leurs personnes, rentes ou autrement, signamment en l'exemption de gens de Cour et de guerre.

XXVIII.

. Que les chartes, titres, comptes, papiers et enseignemens concernans la ville, domaine, Conseil, Estats et pays d'Arthois demeureront en leurs Archives.

XXIX.

Que les biens des bourgeois qui sortiront de ladite ville ne pourront estre visitez en aucune façon.

XXX.

Tous les canons, munitions de guerre et de bouche qui sont dans les magazins et sur les remparts, y demeureront.

XXXI.

C'est ce que Messieurs les Generaux de l'armée du Roy ont promis d'executer de poinct en poinct, et de faire ratifier à sa Majesté dans quatre jours. Cependant les susdits Députez ont promis de la part de leurs Corps, de faire ouverture de leurs portes, et de les remettre presentement entre les mains de tels Mareschaux de camp qu'il plaira à mesdits Seigneurs les Generaux d'ordonner.

Fait au camp devant Arras, le 9 Aoust 1640. (*Du Bureau d'Adresse*, le 16 Aoust).

*Relation succincte du siége et reddition d'Arras,
envoyée d'Amiens.*

Arras fut assiégé le treiziéme de Iuin par Messieurs les Mareschaux de Chaunes, de Chastillon, et de la Mesleraye, avec vne armée de vingt-cinq mille hommes de pied, et neuf mil Chevaux. Et Dieu l'a mis entre les mains du Roy le dixiéme d'Aoust.

Le succez de ce siége est d'autant plus remarquable, que diverses considérations le signalent, en son commencement, en son progres, et en sa fin.

Il a esté entrepris à la veuë des ennemis, qui avoient eu temps d'assembler leurs forces, par celui que les Armes du Roy avoient perdu en des lieux éloignez, pour servir à la cause commune, en favorisant les desseins de ses Alliez.

En vingt jours la circonvalation, qui avoit cinq lieuës de tour, fut entiérement fermée; et en quinze autres tous les travaux furent parachevez à tel point, qu'on n'en a point veu de semblables. Les fossez des lignes avoient douze pieds de large, et dix de profond, et leur vuidange faisoit vn rempart si élevé, qu'estant défendu, l'acces en estoit impossible.

Ces lignes estoient accompagnées de quantité de redoutes et de forts, placez sur les éminences et lieux avantageux, et tous leurs fossez avoient dix-huit pieds de large, et douze de profond.

Les forces de sa Majesté ont tousjours eu devant-elles non seulement vne puissante armée composée de trente mille hommes; mais en outre, la personne du Cardinal Infant: celle du Duc Charles de Lorraine, et Lamboy General des troupes Imperiales, qui tous ont esté en perpetuelle action pour empescher l'heureux succez de cette entreprise.

Le combat qui fut fait à Sailly contre Lamboy et son armée; la défaite du Comte de Buquoy pres de Bapaume, et la défense de la circonvalation lors qu'elle fut ataquée, sont des actions qui ne relevent pas peu l'éclat de ce siége.

En la premiere, les armes du Roy, commandées en cette occasion par le Mareschal de la Mesleraye, eurent tel avantage, qu'outre qu'il demeura cinq cens Chevaux sur la place, et grand nombre de prisonniers, toutes les troupes de Lamboy furent en tel désordre, que quelques Officiers et Volontaires suivans la victoire, entrerent pesle-mesle dans leur quartier, où les Marquis de Gévres et de Breauté se signalerent en sorte, que l'vn y perdit la liberté, et l'autre la vie.

En la seconde, le mesme Mareschal de la Mesleraye, qui estoit sorti du camp avec deux mille cinq cens chevaux, pour asseurer vn convoi qui alloit de Peronne au camp : Ayant rencontré le Comte de Buquoy avec des forces égales qui s'avançoient vers Cambray, pour recevoir vn autre convoi qui passoit de ce lieu à l'armée du Cardinal Infant, ces deux Corps qui se rencontrérent fortuitement, sans qu'aucun eût avis de la marche ni du dessein de l'autre, s'affrontérent avec tant de chaleur, qu'apres vn combat d'vne heure et demie, la victoire demeura aux François si entiere, qu'outre qu'il resta plusieurs personnes de qualité, et six cens Chevaux des ennemis sur la place, et grand nombre de prisonniers, tout le reste fut mis en déroute.

En l'ataque de la circonvalation, le Cardinal Infant ayant creu qu'vn grand convoi qui estoit à Doulens n'en pouvoit partir, le mesme jour que l'armée commandée par Monsieur du Hallier y estoit arrivée, se resolut d'ataquer le camp, sur l'avis qu'il eût que les Mareschaux de Chaunes et de la Mesleraye en estoient sortis, avec partie de leurs forces pour aller au devant d'vn convoi qu'il croyoit venir de Hedin : Bien que ce Prince et ceux qui commandoient sous lui fissent tout ce qu'on peut s'imaginer pour forcer le camp : La défense fut si vive, le jeu de l'artillerie si extraordinaire, et l'étonnement que les ennemis prirent de voir au plus chaud du combat le camp fortifié, non seulement des troupes qui en estoient sorties, mais en outre de l'armée de Monsieur du Hallier, qui arriva en cet instant, qu'ils furent contraints de se retirer, avec perte de pres de trois mille hommes, et de grand nombre d'Officiers blessez et morts.

Si on considere que de douze Convois qui ont esté envoyez au camp, entre lesquels deux ont esté de quatre mille chariots chacun ; jamais les ennemis, quoy que maistres de la campagne, avec la plus puissante armée que les Pays-bas ayent veuë depuis qu'ils sont sous l'obeïssance d'Espagne, n'ont peu en rencontrer qu'vn seul de deux cens 5o chariots, que le pur hazard leur fit tomber entre les mains : On jugera, je m'asseure, et que la prudence du Roy n'a pas esté petite, et que la benediction de Dieu a esté tres-grande.

Il est impossible de sçavoir, qu'ainsi que le siége a commencé presque à la veuë des ennemis, la capitulation a esté signée, leur armée estant en bataille à la portée du canon du camp, sans reconnoistre que Dieu l'a permis pour augmenter la gloire de sa Majesté.

Il est impossible encore de considerer, que cet avantage est arrivé à la France le jour de Sainct Laurens, funeste autresfois à ce Royaume, tant pour la notable perte qu'il fist en la journée de S. Quentin, de grand nombre de sa Noblesse, que pour celle de toutes les places de Piedmont qui suivirent ce malheureux accident, sans ressentir que la bonté de Dieu est telle qu'il a voulu que le bon heur de ce jour nous donnast lieu d'oublier le mal heur receu en l'autre, et d'esperer que la prudence et la force du Roy, restabliront en Piedmont pour le Duc de Savoye son Neveu, ce qu'autresfois des considerations particulieres nous y firent perdre.

On ne sçauroit assez loüer la vigilance et la resolution qu'a témoigné le Cardinal Infant, qui par l'espace de six semaines a tousjours esté à la campagne, exposé à toutes les injures du temps, et aux incommoditez et fatigues de la guerre.

Les soins de sa Majesté ont esté tels, pendant ce siége, qu'ils ne peuvent estre comparez qu'à ceux qu'elle a pris depuis tant d'années en ses hautes et glorieuses entreprises. Vn jour elle mandoit à Messieurs les Generaux ce qu'ils avoient à faire. Vn autre, elle commandoit à son Conseil ce qu'elle estimoit à propos, pour preparer et asseurer les convois. Vn autre, elle donnoit les ordres necessaires pour rassembler de nouvelles forces, tant pour rafraichir son armée, que pour en avoir vne de reserve. Elle pourvoyoit en suite à la seureté de toutes les places, que les ennemis eussent peu attaquer, pour faire diversion. En fin elle a passé tout le temps de ce siége en vne perpetuelle action, qui n'avoit autre but que l'heureux succez de cette haute entreprise.

Pour n'entrer pas dans le détail des attaques de la place ; on remarquera seulement en general, qu'il y en avoit deux differentes.

L'vne, des Mareschaux de Chaunes et de Chastillon.

L'autre, du Mareschal de la Mesleraye, et qu'elles ont esté signalées de divers combats, qui n'ont pris fin, qu'apres que l'effet de la mine du Mareschal de la Mesleraye contraignit les ennemis à capituler.

Ainsi en moins de deux mois la benediction de Dieu, la vigilance et fermeté du Roy, le cœur, et les soins continuels de ses Generaux, Mareschaux de Camp, et autres Officiers, ont reduit en l'obeïssance de sa Majesté vne des plus grandes et plus importantes places des Païs-bas, et fait voir à toute la Chrestienté, qu'il n'y a point de Puissance dans l'Europe, qui soit plus considerable et plus heureuse que celle de France. (*Du Bureau d'Adresse, le* 17 *Aoust*).

D'Arras, le 13 *Aoust* 1640.

On démolit ici plus viste et encor plus gayement nos travaux qu'on ne les avoit faits : non toutefois sans peine ; car les lignes avoient par tout douze pieds de large, et dix de profond ; dont les vuidanges formoient vn haut rampart, et le grand nombre de nos redoutes et forts dont les fossez estoient encor plus creux et plus larges, avoient la forme et l'effet d'vne grande ville de cinq lieuës de tour. Cette gayeté a donné le temps a de bons esprits de predire, faisans allusion à Turin (1) assiegé, que le Roy estant maistre d'Aras qui signifie des Autels, Dieu luy feroit aussi recouvrer *Thura*, c'est à dire de l'encens ou pour victime le Taureau d'ou Turin a pris son nom latin de *Taurinum* : et a fait côter ici qu'environ le temps de la redditiõ de cette place, 2 escoliers des Iesuites d'Amiens ayans de petits chats ils furent mangez par des rats, pour accomplir l'effet du proverbe tant rechanté du menu peuple d'Arras : Lequel parlant assez mauvais François, et l'vn deux entendant que trois Mareschaux de France les tenoient assiegez, dist qu'il craignoit que leur ville qui s'appelle des Latins *Atrebatum* ne pûst resister estant attaquée *à trés bâtons*. Mais la meilleure rencontre au gré de tout le monde, est celle-ci : A sçavoir, que cette prise donneroit la paix à la Chrestienté, et

---

(1) Voir ci-après la prophétie sur la prise de Turin et du reste du comté d'Artois. — V. A.

feroit les deux Rois amis *Ad Aras* : De laquelle paix Dieu donnoit au Roy par cette prise, *arras* ; c'est à dire des arres d'vne paix tant désirée.

De Paris, le 18 Aoust 1640.

Le 13 de ce mois fut solemnellement chanté le *Te Deum* dans l'Eglise de Paris, pour rendre graces à Dieu des mémorables victoires et avantages remportez par la faveur du Ciel, la vigilance infatigable et fermeté merveilleuse du Roy, l'heur et l'adresse singuliére de son admirable Conseil, le courage et les soins continuels de ses Generaux, Mareschaux de Camp, et autres Officiers et affectionnez sujets, par la prise d'Arras, dont le nom marque assez l'importance : Ces victoires composées entre plusieurs avantages de deux combats signalez ; l'vn fait à Sailli, contre Lamboy ; l'autre à Bapaume, contre le Comte de Bucquoy ; tous deux par le Mareschal de la Mesleraye, dont la mine plus avancée que les autres, contraignit les ennemis à capituler. Durant lesquelles ceremonies, où assista nostre Archevesque et son Chapitre, avec le Parlement, la Chambre des Comptes, la Cour des Aides et le Corps de ville : le Prevost des Marchands fit tirer le canon de la ville qu'il avoit fait descendre dans la place de gréve à cette fin ; dont les salves recommencérent pendant le feu de joye, qu'il fit faire en la mesme place de gréve, et en suite par tous les quartiers de Paris, avec vne allaigresse incroyable accompagnée des cris continuels de *Vive le Roy*.(*Gazette, du 18 Aoust*).

D'Arras, le 19 Aoust 1640.

Cette semaine le Mareschal de la Mesleraye a traité les principaux de cette ville. Le jour de Saint Laurens, qui fut celui de la reddition de la place, le Maistre-Autel, comme il a de coustume tous les ans à pareil jour, se trouva paré des ornemens, tous couverts de fleurs de lis, que leur avoit dóné Loüis XI, l'vn de nos Rois : ce qui fut pris à bó augure. Ce peuple ici témoigne vne grande satisfaction d'avoir changé de Maistre. Quand ils parlent des Espagnols (lesquels estans le jour de la redditió de cette place sur le bord de nos lignes, et ayans desja fait la priére, se retirérent sans faire aucun effort) ils disent qu'il paroist bien qu'ils avoient prié Dieu de bon cœur, puisqu'il leur donna le meilleur expedient qu'ils eussent pû prendre ; qui est de laisser-là les François, avec lesquels il n'y a rien à gagner que des coups. (*Gazette, du 25 Aoust*).

D'Arras, le 28 Aoust 1640.

On munit et fortifie incessāment cette ville : dans laquelle le Roy voulant faire fleurir la piété, y maintenir les bons Religieux affectiónez à son service et en substituer d'autres, en la place de ceux qui s'en sont retirez depuis sa réduction à l'obeïssance de Sa Majesté, et se souvenant des services que les Peres Recollects ont rendus à son armée, a ordonné par sa lettre du 23 Aoust dernier au R. Pere Antonin Baudron, Provincial des Recolects de Paris, autrement de la province de S. Denis, d'en faire prendre la conduite du Couvent des Recolects de cette ville, et faire choix de quelque Supérieur de capacité et vie exemplaire, et de 4 ou 5 autres bons et doctes Religieux de sa province, pour les envoyer audit Convent de cette ville, afin de vaquer au service divin et a l'edification du peuple, leur recommandant de vivre avec les Religieux qui y sont restez volontairement, dans toute la charité et vnion que requiert leur profession : de sorte qu'ils n'ayent aucune occasion de se retirer dudit convent, et mesmes qu'ils y soient mieux traitez s'il se peut, que par le passé.

Et pour ce que plusieurs ayans veu dans la capitulation de cette ville vn Cierge employé et entendu parler d'vne Manne miraculeuse, ne seront pas faschez de sçavoir l'histoire de ce Cierge et de cette Manne ; veu les divers discours qu'on en fait : la renommée exaltant d'vn costé les choses au dessus de la vérité, et l'incredulité les déprimant de l'autre. Voici ce que nos nouveaux cópatriotes, et bons Religieux de cette ville d'Arras nous en racontent, et justifient par leurs Archives et la preuve oculaire : Ie commenceray par la Manne comme la plus ancienne.

Apres que la ville d'Arras, fameuse par le tesmoignage de Iules Cesar, qui accompare ce peuple aux plus belliqueuses nations, eut esté reduite à la foy Catholique : ce qui avint l'an 260 : les diverses persecutions, notamment celles que firent soufrir aux Chrestiens les Presidens et Lieutenans de Diocletian, avoient derechef plongé le païs d'Arthois avec tous ses voisins dás leur premiere idolatrie. De laquelle Dieu le voulant retirer vers la fin de l'Empire de Iulian l'Apostat, tout le territoire d'Arras devint sterile par vne extréme sécheresse, qui fut suivie d'vne horrible famine. Lequel deréglement de saison tant extraordinaire, ceux qui avoient apres tant de martires, conservé quelques restes de pieté, imputoient avec raison au couroux de Dieu, irrité des pechez de ce peuple venus à leur comble, dont les prophanes se moquoient à leur ordinaire, cependant que les premiers importunans le Ciel de leurs prieres, en firent descendre sur tout leur terroir vne rosée grasse et espoisse, semblable à de la manne, entremeslée d'vne douce pluye, qui rendit la terre si fertile que des la mesme année elle produisit tres-grande abondance de toutes sortes de bleds : Laquelle benediction fut si puissante qu'elle semble encor durer sur ce païs, depuis ce temps-là devenu plus fertile qu'il n'avoit esté auparavant. Ce qui obligea l'Evesque d'Arras de faire recuillir par son Clergé vn quart de boisseau de cette Manne, qu'il mit en vn vaisseau propre à la conserver : comme il est arrivé par vne autre merveille, telle que nonobstant les divers changemens que cette ville a soufferts des Gots, Huns, Vandales, Danois et autres peuples qui l'ont plusieurs fois ravagée, pillé son Eglise, qui a esté brulée par deux fois, ce precieux Trésor a tousjours esté preservé, et fidellement transmis à nostre siécle depuis douze cens ans et plus : Car ce fut l'an 369, que cette Manne tomba en si gráde abondáce sur leur terre. Et toustesfois en quelque temps que ce vaisseau ait esté ouvert, ce qui se trouve fait par deux fois : l'une l'an 1287, par Guillaume de Isiaco, 47 Evesque d'Arras, l'autre en 1586 par l'Evesque de Verceil, Nonce de sa Saincteté, elle a esté trouvée entiére en sa premiere couleur blanche, et en sa mesme quantité. Sa chasse, qui fut refaite en ladite année 1287 est d'argent doré, enrichie de plusieurs pierreries en forme de l'Arche de l'Alliance depeinte par Iosephe : sinon qu'au lieu des Cherubins sont deux Anges, le portrait de Nostre Seigneur et celuy de l'Anonciation, tout autour dix Vierges, et au sommet vne croix.

Ie sçay bien que ces recits trouveront des contredisans, mais encor que je ne leur doive pas la garantie, ains la simple narration que l'occurrêce sembloit requerir de moi ; si est-ce, que l'authorité de S. Hierosme en deux endroits de ses œuvres : celle d'Orose disciple de S. Augustin, de Vincent de Beauvais, de Guichardin, de Belle-Forest annaliste de France et de plusieurs autres graves autheurs qui assurent cette merveille, en appuyent la creance. Celle du S. Cierge n'a point besoin de tant de preuves de l'antiquité, pour en estre le miracle plus recent. L'an 1105 au temps de Lambert Evesque de cette ville, plusieurs habitans se trouvérent attaints d'erisipeles, accompagnez de telle inflammation que ce mal devenu epidemique, ne s'appaisoit par aucun remede. De sorte que selon qu'il se pratique aux grands perils, qui apprennent à prier Dieu : ce peuple, dont la depravation estoit telle qu'on ne le nommoit plus que pour le blasphemer, commança d'implorer son secours. L'Evesque estoit en prieres devant l'autel, la pluspart des malades couchez à la porte de l'Eglise de Nostre Dame de ladite ville, crians misericorde : Mais côme les voyes de Dieu ne sont pas celles des hommes, et qu'il se rid d'en haut de leurs desseins, redoublant la merveille de ses miracles par la consideration des moyens qu'il y employe. Voici 2 Menestriers arrivez de divers endroits du pays : lesquels sans avoir eu communication l'vn avec l'autre, pour ce qu'ils estoient ennemis mortels pour vn meurtre commis par vn d'eux nōmé Norman, contre le frere de l'autre nommé Ithier, rapportent séparement à l'Evesque l'apparition qu'ils avoient euë de la Vierge, tenant vn cierge alumé, duquel la proprieté estoit telle, que faisant degouter quelque peu de sa cire en vn vaisseau plein d'eau, les malades qui en boiroient devoient estre promptement guéris. Et bien que la qualité des personnes amoindrist la foy de leurs paroles, neantmoins la necessité ne laissant point a choisir d'autres expediens, apres que l'Evesque eut reconcilié et veritablement accordé ces deux flusteurs, ils se trouvent à l'heure à laquelle la Vierge avoit promis de descendre pour la guérison de ces pauvres malades, qui estoit incontinent apres minuit, s'estans mis en bon estat à cette fin : Auquel temps la Vierge leur aparut, descendant du haut du Chœur de l'Eglise, en vn estat si majestüeux qu'il les ravit en admiration. Elle estoit toute brillante de clartez, et pour en faire part au monde, elle mit entre les mains de l'Evesque vn Cierge allumé qu'elle tenoit en main : leur en apprenant l'vsage, de sa voix Celeste et tellement harmonieuse que les pauvres joüeurs d'instrumens quelque grande reputation qu'ils eussent en leur art, se trouvérent apprentifs et des plus grossiers au pres de la Musique celeste. La foule qui les attendoit ne mit pas long-temps à experimenter les admirables effets de cette medecine d'en haut. Tous, bien qu'en tres-grand nombre, en furent gueris, excepté vn seul qui se trouvant incredule, paya par sa mort la peine de son obstination. Ce bienfait tant signalé ayant esté recónu par actions de grace publiques, cette ville pour vne reconnoissance perpetuelle establit vne Confrairie (1) en sa memoire, sous le nom des ardens : en laquelle se trouvérent enrollez des plus notables bourgeois de la ville. Cette Sainte Chandelle est magnifiquement conservée depuis, dans vne chasse d'argent, posée sous vne superbe pyramide, bastie au milieu d'un des marchez de ladite ville, d'où le peuple en vient encor journellement recueillir les mesmes commoditez. La solemnité de cette Confrairie commance au jour du S. Sacrement, et dure jusques au Dimáche suivant. Dans lequel intervalle, se font par toute cette ville de grands signes de rejoüyssances, non seulement au son des hauts-bois et autres instrumens de Musique, répondans au carrillon des cloches : Mais cette miraculeuse Chandelle est transportée avec croix et flambeaux en vne chapelle située en la place qui a emprunté son nom de cette Confrairie : où elle demeure fort souvent allumée mesmes pendant le Sainct Canon, et y est laissée en suite jusqu'au soir, pour satisfaire à la devotion du peuple, lequel y accourt en grand foule, et qui va, ces jours de feste passez, la reconduire jusques à sa pyramide, avec la mesme solemnité. En fin le Dimanche suivant apres le service finy, cette Chandelle est portée en grande reverence sous vn pavillon en la cité avec pareille pompe, voire encore plus grande que les precedétes : Les Magistrats et Principaux confreres la suivans, accompagnez des Lieutenant et Officiers à cheval, suivis de force Arbalestiers et Archers, avec tambours et clairons. Le Prevost et Magistrat de ladite Cité, viennent au devant d'elle aussi à cheval, et conduisent toute la troupe jusqu'au parvis de ladite Eglise nostre Dame où s'est fait ce miracle, et où les Confreres presentent aux Chanoines deux cierges, et ayans tenu la chandelle derechef allumée, la reportent en ladite Chapelle, et de la sur le soir dans sa pyramide par tout

---

(1) Cette confrérie distribuait des images de dévotion représentant l'apparition dont il s'agit. Je possède les plus anciens specimens connus de ces gravures. — V. A.

avec la mesme magnificēce. Ou l'on ne sçauroit s'empescher d'admirer qu'ayant esté tant de fois allumée depuis 600 ans, au lieu de diminüer comme les autres, il y a dans sa Chapelle vn pain de cire qui accroist journellemēt de celle qui en degoute ainsi que raportēt ceux qui l'ont veu. Aussi la Vierge qui protége cet Estat, par la prise d'Arras, a voulu derechef offrir en bon augure à nostre pieux Monarque, la lumiere des Rois, cette divine lumiere.

D'Amiens, le 29 Aoust 1640.

Le 27e du passé les principaux Bourgeois d'Arras Députez du reste de leurs Corps, vinrent ici trouver le Roy : où apres avoir fait à sa Majesté tous les offres que de bons sujets et vassaux peuvent faire à leur vrai, legitime et naturel Seigneur, ils furent tres-bien receus de sa Majesté.

Le 28 du courant, le marquis de Fors, Mestre de camp du regiment de Navarre ayant payé de sa liberté aux deux precedentes campagnes, mourut ici en sa vingtiéme année des blessures qu'il avoit recuës en cete derniere au combat des lignes, où il signala particuliérement sa valeur. Il a esté regreté de toute la Cour ; sa vie ayant esté pleine de gloire, et sa fin de pieté.

Peu de jours auparavant le Comte de la Rochepot mourut aussi des blessures qu'il avoit receuës au mesme combat.

Le Roy partit hier de cette ville pour Breteüil. Son Eminence demeure ici cependant, afin de pourvoir aux choses necessaire, tant pour faire subsister l'armée, que pour le ravitaillement d'Arras, où l'on travaille extraordinairement. (*Gazette du 1er Septembre*).

D'Arras, le 3 Septembre 1640.

Les armées du Roy se sont rejointes et sont à present campées à Aubigny, entre Doulens et cette ville pour la construction d'un fort et autres desseins. Les armées ennemies sont aussi campées autour d'ici : Le Cardinal Infant et le Général Lamboy entre Lens et l'Isle : vers où ce Prince fait fortifier quelques passages : et le Duc Charles et le Général Bek sont au dela de Doüay. Il ne se passe autre chose entre ces armées sinon que les deux partis vont continüellement à la petite guerre. (*Gazette du 8 Septembre.*)

Du camp d'Aubigni, le 9 Septembre 1640.

Les vivres viennent de tous costez en nostre camp qui est

fort bien retranché. Le 6 du courant, les Croates ayans voulu charger nos fourageurs ont esté si vivement repoussez par ceux qui les escortaient, commandez par le Vicomte de Mombas, que cent des leurs sont demeurez morts sur la place, et entr'eux un Capitaine et 4 ou 5 autres Officiers. (*Gazette du* 15 *Septembre.*)

De Chaulnes, le 10 Septembre 1640.

La semaine passée le Duc de Chaune arriva à Amiens malade d'vne fièvre continuë avec dissenterie causée par les fatigues de cette campagne. Avant hier 8 de ce mois arriva heureusement à Arras vn convoi d'vn très-grand nombre de charrettes chargées de toutes sortes de munitions qui estoiët parties d'Amiens. C'est le troisiesme grand convoy qui est entré dans cette ville là depuis sa prise, et on y en destine encore quelques autres, afin de la rendre pour long-temps à l'épreuuë de la necessité. Le mesme jour de ce mois son Eminence vint en ce lieu. (*Gazette du* 15 *Septembre.*)

La Chasse donnée à deux mille hommes de l'armée du Cardinal Infant, par les troupes du Roi, où les ennemis ont eu cent Maistres tuez et quatre-vingts prisonniers.

Les Espagnols reduits au dernier point de desespoir par la perte d'Arras, essayent tous les iours en vain d'en avoir leur revanche. Depuis qu'ils ont esté contraints de se retirer de devant cette place, ils ont envoyé plusieurs parties à la guerre devant Hesdin, aussi gaigné sur eux l'année passée : Mais la garnison de cette place-là les a si mal-traités, qu'en vne semaine cent cinquante des ennemis se sont allez rendre au sieur de Bellebrune qui en est Gouverneur et qui les a receus à retourner dans les vilages de son Gouvernement, d'où ils estoiët sortis pour prendre les armes : apres leur avoir fait prester serment de fidelité au Roy. Ils asseurent que les ennemis se débandent tous les iours de leur armée, et qu'elle n'est pas à present en tout de 15000 hommes. Ces iours passez Bellefontaine Mareschal des logis de la compagnie de Chevaux-legers dudit sieur de Bellebrune, alla jusques aux portes de

Bethune prendre vingt-quatre prisonniers qu'il amena, et entr'eux vn Gentil-homme de bonne rançon. Bon nombre de mesmes ennemis avoient esté faits prisonniers le mesme iour, dans vn bois où les avoit investis le Chevalier de Saintrez Capitaine de la garnison de S. André sur le chemin de Montreüil.

Le douziéme de ce mois, le Colonel Gassion et le Vicomte de Monbas ayans esté commandez d'aller escorter nos fourageurs avec six cens Chevaux et sept cens mousquetaires ; les ennemis, qui en furent avertis, envoyérent charger ces fourageurs par deux mille hommes de cheval, soustenus de loin par trois mille autres. Quelques vns de nos fourageurs furent tuez d'abord : Mais nos cavaliers ayant fait jour à l'infanterie qui estoit derriere eux, elle fit si beau feu qu'elle abatit de ses premieres salves 60 Maistres des ennemis : sur le reste desquels nos six cens Chevaux se jettérent avec telle impetuosité, que nonobstant leur grand nombre ils les côtraignirēt de plier et de s'en fuïr, apres avoir encore perdu trēte ou quarante des leurs, faisant le tout environ cent Maistres : outre lesquels ils en blessérent plusieurs et en firent 80 prisonniers, et entr'eux vn Capitaine et quelques Officiers, qu'on ne reconnoissoit pas lors de leur prise : qui eust esté, ensemble leur défaite, beaucoup plus grande, si les 2000 Chevaux ennemis, ainsi chaudemēt poursuivis par les nostres, n'eussent rencontré leur gros de 3000 hommes : dans lequel s'estans r'asseurez et ayans eu honte d'avoir cedé a vn nombre qu'ils reconnurent alors tel qu'il estoit moindre que le leur, ils retournérent aux nostres avec toute leur cavallerie, et estoient vrai-semblablement prests de les tailler en pieces, sans l'arrivée du Marquis de Coaslin : Lequel ne fut pas plustost averti du peril où estoient nos gens, qu'il monte à cheval, et sans attendre les ordres du Mareschal de Chastillon, se presente aux ennemis avec ce qu'il pût amasser de cavallerie, qui ne se montoit pas à six-vingts Chevaux ; mais qu'il disposa de telle sorte sur des eminences voisines, ne doublant point leurs rangs, qu'elle parut beaucoup plus nombreuse qu'elle n'estoit, à celle de l'ennemi : qui changea par ce moyen le dessein qu'elle avoit d'enfermer les nostres, en celui de défiler doucement, comme elle fit du costé de son camp : sans que nous ayons perdu en cetre occasion que six ou sept de nos cavaliers.

Le quatorziéme ensuivant, sur les trois heures apres midi, les ennemis parurent encor à la veuë de nostre armée : dont ils s'approchérent de sorte, que leurs enfans perdus tirérent le coup de pistolet contre les nostres : qui les receurent si bien qu'ils furent contraints de se retirer sans rien faire : toutesfois en tres-bon ordre, et en contenance de gens qui tesmoignoient vouloir bien-tost cercher quelqu'autre plus favorable occasion de se batre.

Ce que voyant le Mareschal de Chastillon (qui a son camp vers Aubigni, pres duquel est l'armée du Mareschal de la Melleraye sur la rivière de Scarpe :) Il donna d'vn costé ses ordres au Marquis de Coaslin et au Colonel Gassion, d'aller jusques à vn quart de lieuë de Bethune, avec 2000 Chevaux et 1000 hõmes de pied seulemẽt, en intention d'attirer l'ennemi au combat par l'amorce de ce petit nombre ; Cependant que d'ailleurs il envoya querir en diligence le sieur du Halier, qui estoit avec son armée à la teste du Canche. Mais l'ennemi ne parut point : Bien qu'on ait eu avis que leurs quatre armées sont jointes pres dudit lieu de Bethune. C'est pourquoi, sur le doute que l'envie de se batre ne leur revint, on envoya cent chevaux d'artillerie iusques à Arras, pour en amener quatre piéces de canon, et disposer toutes les autres choses necessaires à vne bataille ; pour laquelle le Mareschal de Chastillon a donné tous ses ordres, afin de s'empescher de surprise, et prendre l'ennemi au mot, si l'envie lui continuë d'en vouloir taster. On fait cependant des recreues pour renforcer nos armées : qui tesmoignent de leur part vne grande resolution à finir cette campagne aussi heureusement, par vn glorieux combat, comme elle leur a esté avantageuse par ce fameux siége dõt elles sont venues à bout : du succez duquel les Païs-bas ne se peuvent remettre. (*Du Bureau d'Adresse, le 20 Septembre*).

Du camp d'Aubigni, le 14 Septembre 1640.

Pource que le recit de la chasse donnée hier aux Espagnols a esté raporté beaucoup moins avãtageux pour les nostres, et avec quelques autres circonstances, qu'il ne se trouve en effet par la relation de plusieurs qui ont esté de la partie ; voici comme ceux qui ont assisté le Colonel Gassion nous l'ont raconté. Toute l'armée ennemie estoit logée devant Bethune à trois petites lieuës de nostre camp : duquel elle venoit faire ordinairement des courses sur nos fourageurs et contre nos corps de garde avancez : Dequoy les nostres s'estans lassez et leur voulans rendre la pareille : Ce Colonel par l'ordre du Mareschal de Chastillon partit de nostre camp le 9ᵉ du courant des les 7 heures du matin avec 500 Chevaux et 800 hommes de pied. Avec lesquels il s'alla mettre en embuscade dans vn bois à demie lieuë de Bethune, où il demeura jusqu'au lendemain sur les 7 à 8 heures du matin : sans que de toute l'armée du Cardinal Infant, il sortist vne seule personne pour fourager ni pour autre sujet : Dequoy les nostres s'estonnérent lors grandement : Mais on a sceu depuis qu'ils avoient esté avertis par leurs espions que nous avions vn puissât parti en campagne ; Car la reputation, comme c'est l'ordinaire, avoit grandement ajousté à la verité. Tellement que ce Colonel ne voyant aucun ennemi, débusqua sur les neuf heures de cette matinée, et s'avança avec sa cavallerie jusques aux portes de Bethune, pensant au moins par là obliger les ennemis à sortir sur lui, et en ce cas par vne fuite qu'il se preparoit de faire devant eux, les atirer jusques à vn gros de 800 Chevaux, et de 2000 fâtassins que le Mareschal de Chastillon avoit conduits pour son secours vne heure avant la pointe du mesme jour. Mais les ennemis firent encor la sourde-oreille à toutes ces semonces : Desorte, que les nostres furent contraints de s'en retourner sans rien faire. Toutesfois ces bravades des nostres faites aux ennemis leur donnérêt telle jalousie qu'elles les obligérent à former vne puissante partie contr'eux : en laquelle il leur fut d'autant plus aise de prendre leurs mesures, que nos troupes estans campees en vn lieu destitüé de fourrage, ils sçavoient qu'il leur estoit nécessaire d'en aller querir à main gauche de Bethune, à deux lieuës et demie de leur camp : n'y en ayant point de plus pres ailleurs. C'est pourquoy nos Chefs prévoyans aussi cette necessité de se battre pour fourrager, il fut arresté au Conseil de guerre tenu le soir de l'vnziesme, que toute l'armée iroit le lendemain au fourrage, et que le Colonel Gassion commanderoit vn convoi des fourrageurs composé de 500 Chevaux et de 600 hommes de pied. Suivant laquelle resolution les nostres ne furent pas plustot en campagne que toute la cavalerie ennemie et deux mille hommes de pied commandez par Lamboy leur General, Dom

Antonio de Cantelme Commissaire general de l'armée Espagnole, et Dom Francisco de Parda son Lieutenant, sortirẽt de Bethune à dessein de tailler nos gens en pieces, n'ignorans pas que nostre partie estoit beaucoup plus foible que la leur. Cependant qu'ils se mettent en campagne le General Lamboy pour empescher le secours des nostres, se vint mettre à la teste de nostre camp avec trois mille Chevaux et deux mille fantassins qui les soustenoient à l'aile d'vn bois prochain. Les nostres avoient fourragé à loisir avant que d'auoir langue des ennemis; Mais enfin le Colonel Gassion fut averti qu'vn escadron de quatre-vingts Maistres Alemans (qu'il avoit laissez sur le chemin pour conduire ses fourageurs qui se retiréroient dans le camp avec le convoi) avoit esté vertement repoussé par les ennemis, et qu'ils dételoient nos charriots et charrettes. Ce qui l'obligea de ramasser toutes ses troupes, et marcher en bataille vers le lieu de l'alarme, ayant divisé ses gens en deux colomnes, l'vne à sa droite et l'autre à sa gauche, et mis deux petits bataillons dans les intervalles de deux escadrons de cavallerie, pour se soutenir les vns les autres. Ils n'eurent pas marché trois quarts de lieuës en cet ordre, qu'ils virent venir droit à eux toute la cavalerie Espagnole distribuée en dix-huit escadrons, dont l'aspect estoit des plus beaux, et qui par leur démarche sembloient se promettre vne victoire certaine. Mais la resolution des nostres ne leur cedoit point; voire, parut plus grande en ce que lors qu'ils furent en presence de l'ennemi, au lieu de l'attendre, ils passérẽt deux profondes ravines qui separoient les deux partis : sans que les ennemis se missent en devoir d'en faire autant, non pas mesmes d'en empescher les nostres : lesquels se remirent en bataille en leur ordre premier, que le passage les avoit obligé de rompre, et firent deux escadrons de cavalerie de 160 Maistres, cõmandez par le Vicomte de Mombas et par le Baron d'Aubais : à la teste desquels estoit le Colonel Gassion. Ils furent accüeillis de bonne grace par quatre escadrons de cavalerie ennemie, qui faisoient pour le moins 600 Chevaux, commandez par le Colonel Varedons. Lequel adjousta ces paroles à leur grave maintien, *C'a ça compagnons, il n'y a pas moyen de s'en dédire, il faut combattre.* A quoi le Colonel Grassion repartit, *Ouy ouy il faut combattre : nous ne demandons pas mieux :* et ayant à l'instant commandé la charge, il gaigna la croupe de ce Colonel ennemi, et lui donna vn coup de pistolet dans les reins qui le renversa. Les escadrons se meslent, et ceux de l'ennemi se maintenoient en si bonne posture qu'il n'y avoit pas apparence de les faire branler : lorsque le Colonel Gassion ayant fait faire vn quart de conversion et volte-face à ses deux escadrons, fit jour à nos deux bataillons d'infanterie, qui firent leur descharge fort à propos sur les ennemis, et leur en tuérent vn fort grand nombre. Toutesfois le succez du combat estoit tousjours incertain, et les escadrons ennemis s'avancans pour choquer les nostres, eussent donné grand sujet d'apprehension à vn si petit nombre, s'il eust esté moins resolu. Cela se passoit à nostre colomne gauche ; la droite ayant eu défense de joüer des mains, tant que toute la gauche eust combatu. Ce qui fut bien observé : Car tandis que cette colomne gauche estoit meslée parmi les ennemis à la main, où l'on ne s'espargnoit point de part et d'autre, nostre colomne droite s'avançant au grand pas, commança de faire sa descharge sur les ennemis : qu'elle mit en tel desordre par cette veeuë inopinée, qu'ils ne songérent plus qu'à s'enfuir de devant nous, pour attraper leurs trois mille Chevaux, et deux mille fantassins qui les attendoient derriere vn bois à vne lieuë de là : Et pendant trois quarts de lieuës, que contient la plaine de Magnicourt, qui estoit entr'eux, les nostres poursuivirent tousjours les ennemis l'espée et le pistolet dans les reins, avec grande tuerie faite par les nostres : qui n'estans pas bien encor avertis du vrai nombre de ce renfort de cavallerie et d'infâterie de l'ennemi, pour ce que le bois les cachoit, apres avoir aussi rallié leur cavalerie de cette poursuite qui l'avoit separée, estoit en resolutiō de poursuivre les ennemis iusques à Bethune : Mais les prisonniers que nos gens firēt en cette poursuite les asseurérēt de ces grādes forces : lesquelles se trouvans toutes fraiches et en fort bon estat, furent vraysemblablement retenuës d'aller fondre sur ce petit nombre des nostres harassez de ce penible combat, et qui avoient leurs chevaux hors d'haleine de cette chaude poursuite : sans le stratagéme duquel s'avisa le Marquis de Coaslin estendant six ou sept vingts chevaux tumultuairement par luy ramassez au secours des nostres, en telle sorte sur ces colines d'alentour, qu'ils eurent l'apparence et rendirent le mesme effet à l'ennemi qu'vn nouueau renfort capable de leur opposer. Tant y a qu'ils se retirérēt de leur poste en confusion, apres vne perte d'hommes et de chevaux diversemēt raportée, mais qui surpasse de beaucoup ce qu'on en a dit, et que les nostres apres auoir tenu long-temps le champ de bataille emmenérent plusieurs prisonniers, entr'eux le Baron de Boulay favori du Cardinal Infant qui avoit esté nourri son Page et estoit son Ecuyer, et Capitaine d'vne compagnie de chevaux legers. De nostre costé il n'y est demeuré aucun Officier.

Du camp de Habart, ce 17 Sept. 1640.

Depuis le dernier combat de Magnicourt, les ennemis estans venus camper auec toutes leurs forces à Conjour au pied du mont de Bethune qui n'est qu'à vne lieuë et demie d'Aubigni : hier le Colonel Gassion alla par l'ordre du Mareschal de Chastillon avec 400 Chevaux de son regiment soustenus de 400 mousquetaires, attaquer les gardes avancées des ennemis, pour tascher d'attirer les Croates en campagne, et par mesme moyen reconnoistre le camp desdits ennemis qui se peut découvrir d'vne éminence qui estoit sur le chemin. Il s'avança donc avec ses forces laissant les 400 mousquetaires derriere les hayes de deux villages à moitié chemin du camp des ennemis, pour favoriser sa retraite avec 200 cuirassiers, et detacha tous ses Croates, (car il en a deux compagnies dans son regiment,) qu'il fit soustenir d'vne autre troupe de cuirassiers, et pousser les gardes avancées des ennemis : lesquelles se voyans trop foibles prirent aussi tost la fuite, et par ce moyen demeura quelque temps maistre de cette éminence. Le Mareschal de Chastillon et le Marquis de Coaslin vinrent cependant reconnoistre le camp des ennemis puis se retirérent : Comme le Colonel Gassion alloit aussi faire, lors que le regiment entier des Croates ennemis, ayant leur Colonel Ludovic en teste, sortit de son poste et s'escarmoucha contre les troupes du Colonel Gassion plus vigoureusemēt que de coustume, d'autāt que tous leurs officiers estoiēt yvres, et la pluspart des cavaliers : lesquels se jettérēt sur les nostres avec si peu de consideration, que d'abord vn Quartiermestre, trois autres Officiers et quelques cavaliers des ennemis furent tuez sur la place, et Milotin l'vn de leurs Capitaines fut fait prisonnier, apres avoir esté griévement blessé en cette escarmouche. Pendant laquelle et en cette gayeté le Colonel Ludovic desirant voir le Colonel Gassion, fit faire la chamade et s'approcha de lui sur sa parole, suivi de la plupart de ses Officiers. Ils furent pres d'vn quart d'heure en conference : apres quoi le Colonel Ludovic fit apporter du vin et beurent à la santé les vns des autres : puis chacun se retira vers son quartier. Ce matin au décampement de nos armées les ennemis ont suivi celle du Mareschal de Chastillō, de laquelle ils ont pris vn Enseigne de Piedmont et quelques cavaliers : mais nous avons eu en mesme temps nostre revanche par la prise de plus grand nombre des leurs.

D'Arras, ledit jour 17 Septembre 1640.

Hier arriva icy le plus grand convoi qui y soit encor entré avec grand nombre de bœufs, moutons et autres provisions de bouche. Chacun y reprend son commerce, et le bon ordre qu'y apporte le sieur de Saint Preüil nostre Gouverneur nous fait presque oublier que nostre ville est frontiere. (*Gazette du 22 Septembre*).

La ioye renouvellée par l'heureuse naissance d'un second fils de France.

. . . .

La Bastille et l'Arsenal saluérent à l'envi de leurs canónades le Prince naissant : Ce jour là 22 sur les dix heures du matin le *Te Deum* fut solennellement chanté dans le Chasteau de S. Germain, où l'Evesque de Meaux officia, Monseigneur le Dauphin y assistant avec plusieurs Seigneurs et Dames de la Cour. Les mesmes actions de grace en furent ici solemnellement renduës dans nostre Eglise Cathedrale. L'apresdinée du mesme jour et le soir, par l'ordre du Prevost des marchands plusieurs boëtes rangées devant la maison de ville tesmoignérent, par leurs salves l'allaigresse publique, qui fut secondée par les feux de joye allumez par tous les bourgeois devant leurs portes; avec lanternes aux fenestres, et parmi les santez du vin que plusieurs versoient aux passans devāt leurs portes, force cris redoublez de *Vive le Roy*, *la Reine et les enfans de France*, Ne sçachans encor quel nom donner à ce nouveau Prince. A qui la conqueste d'Arras pendant la grossesse de la Reine semble vouloir donner celui de Comte d'Arthois, comme l'vsage celui de Duc d'Anjou : mais dont en effet il faut attendre la volonté du Roy, qui se trouvera possible biē empeschée en ce rencôtre : mesmes si elle attend encor quelque temps, et qu'à la mode des austres Souverains elle lui vueille donner le nom de quelqu'vne de ses conquestes : la multitude lui en augmentant la difficulté. (*Du Bureau d'Adresse, le 24 Septembre*).

D'Ardres, le 22 septembre 1640.

Le 16 de ce mois le sieur Lermont nostre Gouverneur estant monté à cheval pour aller attendre les ennemis qui avoiēt fait partie en petit nombre d'aller piller de nos villages prochains, fut averti de leur entreprise par deux de nos païsans qui leur devoient servir de guides : ausquels il commanda d'amener les ennemis dans vne embuscade qu'il leur dressa, en continüant bien leur feinte : qui leur fut d'autant plus aisée que cette partie n'estoit composée que de simples soldats et païsans assemblez de plusieurs forts que les ennemis ont sur cette frontiére. De fait ces deux païsans joüérent si bien leur jeu qu'ils les amenérent la nuit suivante au lieu qui leur avoit esté destiné. Mais par mal-heur cette nuit se trouva si noire que nos cavaliers et soldats qui attendoient les ennemis en fort bonne résolution, bien qu'ils fussent pres d'eux, ne les pouvoient discerner d'avec ceux de leur parti, d'autant mesmes que tous lesdits ennemis ayans descouvert l'embusche, respódoient aussi bien que les nostres au *Qui va là ? Vive le Roi de France.* Il ne s'en trouva qu'vn, duquel ledit sieur de Lermont s'estant défié, il s'en saisit par conjecture, et lui fit telle peur de le tüer, qu'il confessa estre des ennemis, et qu'il avoit du credit au chasteau d'If, qui est vn fort à vne lieue seulement de la ville de Saint Omer, où les ennemis faisoient tousjours leur retraite quand les nostres les couroient pour les couper en leurs courses qu'ils faisoient sur le chemin de cette ville audit Saint Omer : sur lequel chemin il est situé, et auquel lieu à ce sujet ils faisoient la pluspart de leurs assemblées : Place des mieux flanquée, avec parapet et entourée de hayes par le haut, ayāt des meurtriéres de toise en toise, assise d'vn costé sur vn rocher taillé, et ayant de l'autre, bonne palissade. Son importance fit donc penser ledit sieur de Lermont à tenter quelque chose sur icelle, tandis qu'il avoit ses gens tous prests. Il lui fait promettre de lui en faire ouvrir les portes, et confesser qu'il n'estoit resté dans ce chasteau que six hommes avec leur Cûré : le reste de la garnison estant allé en la derniére occasion cy dessus. Trouvant donc cet essay raisonnable, il part à l'heure mesme avec sa cavallerie et Infanterie et marche droit à ce fort : où sa cavallerie arrive avant jour, s'estant mise au trot, et par ce moyen n'ayant pû estre suivie de l'Infanterie. Cette cavallerie estoit composée de la compagnie du Comte de Charost Gouverneur de Calais, et de la sienne. Le prisonnier estoit porté en croupe par vn de ses cavalliers : lesquels estans proches dudit fort, il fit mettre pied à terre à 9 d'iceux, deux desquels ayans tres-bien lié le prisonnier le conduisirent le pistolet à la gorge, jusques à la porte : d'où il appella la sentinelle ; qui fit venir le caporal : Auquel ayant donné l'ordre, il le pria d'ouvrir la porte en diligence, à cause qu'il estoit suivi par les François. Il ne mentoit pas, mais le Caporal l'entendoit autrement, et que ceux qui estoient avec luy fussent ses compagnons et de mesme parti, qui voulussent éviter côme luy la poursuite desdits François. N'oyant donc parler que ce prisonnier, il leur ouvrit à grand haste les portes du fort : dans lequel entrérent nos cavaliers à pied, sans grande ceremonie et desarmérent ceux qui gardoient les portes, avec si peu de resistance qu'il n'y eut pas vn homme blessé : Le reste fut pris au lict, et par ce moyē les nostres vinrent heureusement à bout de ce dessein qui eust cousté la vie à beaucoup de gens et eust esté de grande despense : mais jugé tellement necessaire, que si l'entreprise n'eust reüssi, on estoit resolu d'attaquer la place par force : et pour cet effet si tost que nostre infanterie eust esté arrivée, on eust envoyé querir du canon. Cette place se trouvant trop proche des ennemis, et trop éloignée de nous pour la garder : il fut resolu de la piller (1) et ruiner. Tellement qu'apres que nos soldats ne se furent pas montrez moins diligens en ce rencontre, qu'en leurs autres exploits, le sieur Lermont y fit mettre le feu, et ruiner autant qu'il se put ; en intention d'achever de la mettre en tel estat qu'elle ne puisse plus servir aux ennemis de retraite ni de sentinelle pour descouvrir nos parties, comme elle faisoit toutes celles que nous dressions du costé de S. Omer. (*Gazette du 29 Septembre.*)

---

(1) Toujours l'odieux pillage ! même chez les Français. — V. A.

De St-Germain-en-Laye, le 5 octobre 1640.

Le 3e de ce mois le Roy reçeut la nouvelle de la prise du Gouverneur de S. Omer, et avantage que les nostres y eurent, laquelle luy a esté apportée par le sieur Faber, lequel a grandement servi à ce bon succez.

De l'Isle en Flandres, le 19 septembre 1640.

Le Cardinal Infant fait faire quatre forts entre cette ville, Arras et Doüay, 6000 païsans se sont naguéres assemblez par son ordre dans cette derniere place pour y travailler. La garnison de Béthune a esté renforcée de 1200 soldats et celle de Bapaume de mille. Le nouveau fort Royal qu'il a fait bastir à Pontavétin, est aussi garni de 2000 soldats pour empescher s'il se peut les courses des François qui sont dans Arras. (*Gazette du 6 Octobre.*)

D'Anvers, le 2 Octobre 1640.

L'armée du Comte de Fontaine ayant quité le poste qu'elle avoit pres de Balaer, vne partie a esté mise dans les villes de Flandres et du Brabant : l'autre est allée renforcer l'armée du Cardinal Infant, qui est dans l'Arthois.(*Gazette du 20 Octobre*).

D'Anvers, le 16 Octobre 1640.

Nostre soldatesque qui est logée dans les villages circonsvoisins y exerce de si grandes insolences et y fait de si cruels ravages faute de payement, que les païsans ont esté obligez de prendre les armes pour deffendre eux et leurs biens : A quoy le Conseil de Bruxelles est apres à remedier. Le Cardinal Infant a envoyé faire deffence par tout le païs d'Artois, de ne porter aucuns vivres dans la ville d'Arras, aussi les François ne s'attendent-ils pas à luy à le ravitailler.

De Bruxelles, le 19 Octobre 1640.

Le 17 du courant, le Cardinal Infant est ici retourné, ou le Comte de Buquoy estoit arrivé le jour précedent. Le Duc Charles a fait acheter la maison du Prince d'Espinoy en cette ville, moyennant 45000 florins. La Duchesse de Chevreuse est allée à Gasbec.

D'Arras, le 20 Octobre 1640.

Le sieur de Saint Preüil, Mareschal de Camp, et gouverneur de cette ville, en partit sur la minuit du 17 au 18 de ce mois avec trois cents Chevaux de sa garnison, et alla visiter les ennemis qui sont à Doüay distant seulement comme vous sçavez, de quatre lieües d'icy, et ayant envoyé devant soy quelques coureurs pour attirer au combat les ennemis : ils firent sortie d'autres trois cens Chevaux, lesquels ayans attaqué nos coureurs, ceux-cy fuirent à dessein devant eux jusques au gros dans lequel estoit ledit sieur de Saint-Preüil à vn quart de lieuë de là : qui les receut si bien qu'apres en avoir tüé quinze ou vingt, il mena le reste battant jusques dans les portes de ladite ville de Doüay : d'où il emmena vingt prisonniers des ennemis, cent quarante vaches et quarante chevaux de service, avec vn tel avantage sur lesdits ennemis et telle épouvante de leur part qv'un seul des nostres ne fut pas mesmes blessé. Laquelle épouvante ne fut pas moindre dans la ville, comme nous l'asseure un Trompette qui vient d'arriver pour reclamer lesdits prisonniers : A quoy je vous adjouteray que les habitans de cette ville y vivent si paisiblement par le bon ordre qu'y apporte ledit sieur de Saint-Preüil qu'il n'y a aucune distinction entr'eux, et les naturels François, mesmes depuis la severe justice qui fut faite ces jours passez de deux soldats pendus pour avoir pris quelque chose à leur hoste sans payer. (*Gazette du 27 Octobre.*)

D'Anvers, le 24 Novembre 1640.

Les soldats qui sont logez aux environs de cette ville et dans Herentals ont entierement ruiné le plat pays, et ceux qui sont dans Doüay y ont fait de grands ravages faute de payement. (*Gazette du 15 Décembre*).

D'Arras, le 25 Décembre 1640.

Depuis la course des nostres faite la semaine passée vers Lens à sept lieues d'icy : le sieur de S. Preüil nostre Gouverneur s'achemina vers le fort de Bas à deux lieues de là d'où les ennemis ayans fait sortie sur vne partie des siens qu'il avoit renduë foible à ce dessein et pour les attirer au combat : le sieur de S. Preüil se jetta sur eux à l'improviste, tua vingt-cinq cavaliers avec leur Capitaine, et en fit douze prisonniers : l'ardeur des Alemans qui se levérent trop tost de leur embuscade, ayant empesché que tout le reste de la garnison ennemie ne se trouvast enveloppé et pris ou tüé par les nostres. Peu de jours auparavant, sçavoir le 13 du courant, le Marquis de S. Georges de Clermont avoit icy pris possession de la charge de Mestre de camp du régiment de Navarre vacant par la mort du Marquis de Fore : duquel ayant esté pourveu par le Roy, il fut conduit par ledit sieur de S. Preüil à la teste des troupes, et receu avec grand tesmoignage de satisfaction, de tout le régiment. (*Gazette du 29 Décembre.*)

La Merveillevse Apparition dv Dvc de Weimar à vn grand Capitaine de ses intimes amis, qui commande dans l'armée du Roy en Allemaigne, sous Monseigneur le Duc de Longueuille, contenant la prediction de la prise de la Ville de Thurin, et du reste de la Comté Dartois. (Paris, chez Pierre Vaudran, M.DC.XXXX, 12 pages in-4.)

Ce n'est pas d'aujourd'hui que les hommes en dormant ont appris des nouuelles des choses futures. Quand nous iouissons des douces faueurs que le sommeil pére Commun du repos depart ordinairement a tous les animaux nous ne sommes ny viuants ny morts, puis que nous n'auons pas la liberté de faire agir nostre ame, qui se trouue empeschée par l'assoupissement et obstruction des organes du corps, ny que au contraire Il ne se peut pas dire que nous en soions priués, puis que vn resueil nous remet dans la possession de faire agir tous les ressorts de ce petit monde, et nous fait clairement voir qu'il y a autant de difference entre le sommeil et la mort, comme entre l'Image et la chose en original. Neantmoins c'est en cet estat entre la vie et la mort, que Dieu se communique aux hommes, et que les grands reçoiuent quelquefois des auertissements des plus grandes auantures qui leur tiennent lieu d'oracles, Et dont les effects ne manquēt jamais d'arriuer de la mesme façon qu'ils ont esté predicts. Cette proposition n'est point problematique, elle est assez auerée dans toutes les histoires du passé non seulement prophanes mais encore les plus sainctes, comme nous dirons cy apres. Mais comme Il n'y a rien de plus naturel a l'homme que de dormir, puis qu'il ne s'en sçauroit passer, ny aussi rien de plus commun a celuy qui dort que de songer : de la vient qu'il n'y a rien de plus mesprisable ny de moins significatif que cette sorte de songes qui se presentent d'ordinaire à tous ceux qui dorment, comme tout au contraire Il ny a rien dont on doiue faire plus d'estat, ny qui soit plus conforme a la verité que ces grands et mysterieux songes qui arriuent rarement, Et qui se font voir admirables dans la suite de leurs euenements. De la nature desqu'els est cette grande et merueilleuse apparition que nous voulons rapporter, dou vient que ie trouue a propos de faire voir la difference et la diuersité des songes qui se presentent a l'imagination des dormants, pour appliquer apres a sa veritable espece celuy que nous rapporterons auec cette memorable apparition, d'ont les Infalibles et bons succes nous doiuent faire beaucoup esperer.

Ie diray donc que de tous les songes qui tombent en l'imagination des dormants, les vns sont naturels qui prouienent du temperament du corps que nous auons receu de la nature, ainsi les sanguins qui sont d'vn naturel doux, agreable, et plaisant ne songẽt que des choses agreables, comme danses festins, Ieux, et passetemps, et ceux en qui la pituite domine ne songẽt que des riuieres, et des mers, ou il leur semble qu'ils nagẽt ou qu'ils flotent. Les billieux comme Ils sont d'vn naturel chaud et bouillant ne songẽt que disputes, que querelles, que duels, que combats, que meurtres, et que sang. Et ceux qui sont melancholiques et saturnins, ne font que des songes tristes et espouuentables, et ne songẽt ordinairement que des solitudes, d'afreux deserts. Ils font sans bouger de leur lict de longs voyages sans estre accompaignés comme faisoit la pauure Didon dans l'Æneide de Virgile, ils voient des morts, ils descendẽt aux enfers, et ont mille autres visions horribles, et qui donne de la terreur, et de leffroy.

Il y a dautres songes qui sont animaux, et comme rien n'entre dans l'esprit, ny dans l'imagination que par les portes des sens De là vient que l'on songe bien souuent la nuict ce qu'on a fait, veu, ou ouy durant le iour, comme si quelquefois l'on a entendu vne belle musique, l'imagination qui en a gardé les especes, pourra les nous representer en dormant, et ainsi ce que nous auons fait, ou eu intention de faire le iour, et des objets que nous auons veus se representent bien souuẽt à nostre imagination quand nous dormons. Mais ce n'est pas de ces songes dont i'entends parler.

Il y en a d'autres qui sont intellectuelles, que les Philosophes moraux appellent Oracles. Quand Dieu mediatement ou immediatement, quelque Ange, quelque Sainct, ou grand persónage qui nous estoit grandement affectionné durant sa vie, ou proche parent, apparoist en songe apres sa mort, et nous aduertit de quelque bien ou de quelque mal qui nous doit arriuer, en recompense de quelque vertu, ou punition de quelque defaut qui est en nous, et c'est en fin a cette derniere espece que se doit rapporter cette grande et merueilleuse apparition qui s'ensuit.

L'vn des grands Capitaines qui combate pour les fleurs de lys que ie nommeray seulement du nom d'Alcandre, pour certaines considerations, mais que ie designeray assez, pour le faire cognoistre à tout le monde, est celuy à qui ce grand Duc de Weimar s'est apparu ; c'est vn des vaillants hommes de la terre, qui a signalé sa gloire dans vne infinité de combats suiuis d'autant de victoires gaignées par ce grand Duc, sous lequel il commanda iusques à l'heure de sa mort, à laquelle il receut des amples et glorieux tesmoignages d'vne affection nompareille, qu'il luy auoit portée durant sa vie, en recognoissance de son merite, et des grands exploits qu'il luy auoit veu faire, combatant sous ses Estendarts. Il commande maintenant sous Monseigneur le Duc de Longueuille en Allemagne, pour le soustien et la deffense des Suedois, nos alliez. Auec lequel Duc ayãt tenu vn Conseil de guerre, le mesme iour que la ville d'Arras fust renduë sous l'obeïssance du Roy, et recherché les moyens de faire reüssir leurs armes au contentement de cette grande Reine de Suede affligée continuellement depuis la mort, quoy que glorieuse, de ce grand Gustaue, de ce grand Mars qui s'estoit rendu redoutable à toute la terre, il se retira dans sa tante, et la nuict estant arriuée, il en passa vne grande partie dans la consideration des stratagemes qui auoient esté proposés, sur tous lesquels ayant fait reflexiõ, et bruslant desia de l'ardeur qu'il auoit de les executer, de combattre et de vaincre, il se trouua insensiblement surpris et vaincu par les doux pauots du sommeil qui voulut delasser son corps de tant de trauaux qu'il auoit soufferts, pour le rendre mieux disposé à l'execution de ses glorieux desseins, et pour entretenir dignement son imagination, il luy fit voir comme dans vn tableau quantité de belles verités, qui auoient esté recueillies dans le grand liure des Idées des choses auenir ; Car il vit en dormant paroistre l'ombre d'vn corps dont il ne voyont que les mains, et le visage qu'il recognut estre de ce grand Duc qui l'auoit tant aymé, lequel par vn frappement des mains l'ayant à demy esueillé luy parla en cette sorte : cher Alcandre que i'ay tant estimé durant ma vie, reçois-en encore vn tesmoignage par cette visite que ie te rends apres ma mort, pour te faire part des secrets que i'ay leus par la permission de Dieu dans le liure des destineez, ne te mets point en peine de raisonner sur ce que tu dois faire, et n'en apprehende point les euenements qui ne peuuent estre que glorieux, suy seulement de poinct en poinct les ordres de ce grand Duc de Longueuille sous qui tu commandes, et laisse doucemēt agir sa prudence, qui ne manquera pas de faire heureusement succeder tous ses projets au grād contentemēt de son Roy, et de ses alliez. Cōtinue de seruir auec la mesme fidelité que tu as tousiours fait le plus puissāt et le plus iuste Monarque du mōde, et sçache que si ie regrette ma vie, c'est pour me voir priué de l'hōneur que i'auois de le seruir. Comme il ne sçauroit manquer de reüssir en toutes ses entreprises, tous ceux qui le seruent ne peuuent qu'acquerir de l'honneur, et de la gloire. Depuis que ce grand Cardinal participe aux soings qu'il a des affaires de son Empire tout le monde a veu et voit tous les iours cōme ses armes reüssissent, et depuis que le Ciel exauçant les prieres de la plus saincte Royne du monde (1) luy a donné vn fils, depuis (dis ie) la naissance de ce grand Dauphin nay comme miraculeusement sur la terre, il est aysé à remarquer que Dieu a espousé ses interests, et veut qu'il r'entre dans peu de temps en possession de tout ce qui luy a iadis appartenu, et que luy detient iniustement ce Monarque insatiable de Sceptres et de Couronnes, cet Espagnol que le Ciel abandonne, comme vn iniuste detempteur des bien-d'autruy : sur lequel Louys le Iuste vient de prendre et recouurer la Ville d'Arras à la face du Cardinal Infant qui n'a pû deffendre ce qui ne luy appartenoit pas. Après laquelle Ville ie t'annonce que sans beau-

---

(1) Ici la vérité historique nous oblige encore à dire que les circonstances dans lesquelles s'accomplit la conception de Louis XIV, sont tout simplement immorales Voir les révélations consignées à cet égard, par le P. Ch. Daniel, dans l'ouvrage suivant : *Une vocation et une disgrâce à la cour de Louis XIII.* — V. A.

coup de peine le Ciel veut qu'il reduise sous son obéïssance tout le reste de la Côté d'Arthois, dót il est le vray et legitime Roy. Quand à la Ville de Thurin sçache qu'elle ne sçauroit tenir encore six semaines contre ce vaillant Comte de Harcour la terreur de toute l'Italie, dont le Ciel admire la valeur, et qu'il a resolu de rendre victorieux et triomphant de cette rebelle, et de ce Prince felon qui l'a subornée et la soustient, on leur verra s'ils ne se rendent, souffrir les derniers coups du tonnerre de la France et du Ciel legitimes deffenseurs de cette grande Duchesse persecutée par leur rebellion et felonnie. Apres cette prodigieuse desfaite des Espagnols devant Cazal, il seroit aisé d'inferer la prise de cette Ville quand ie ne te l'annoncerois pas pour certaine, mais c'est ainsi que les choses sont ordonnées par les souuerains decrets de la diuine prouidence. Et voila les nouuelles que i'ay voulu te donner. Apres ces mots frappant vne autrefois des mains, adieu, luy dit il Alcandre, lequel acheuant de s'esueiller en sursaut, et leuant la teste suiuit des yeux cette ombre qu'il recognut encore, et qu'il vit disparoistre dans les tenebres de la nuict : en luy disant ces paroles, adieu chere ombre d'vn conquerant que la Fráce a tant regretté, aussi veritables puissent estre toutes ces auantures, cóme ie recognoy que c'est ta belle ombre qui vient de me les predire. Apres quoy se leuant auec l'aube du iour qui le suiuit bien-tost, il s'en alla trouuer mondit Seigneur de Longueuille auquel il raconte la vision qu'il auoit euë, et les nouuelles de la prise d'Arras dont il fust grandement resioüy. Lesquelles luy ayant esté du depuis cófirmées, on a raison d'adiouster foy à ceste merueilleuse apparition, des euenemens de laquelle personne ne doit dautant moins douter, que toutes les Histoires du passé sont pleines d'exemples et de visions semblables, que la verité qui s'en est ensuiuie, a authorisées. Tesmoins celles qu'eurét iadis Claudius Cæsar, Hippias fils de Pisistratus : Astiages Roy des Assyriens, a qui fust predicte en songe la naissance de Cyrus son petit fils. Et quantité dautres, mesme dans l'Escriture saincte, où nous voyons que Dieu a predict de plus grandes merueilles en de tels songes ou visions conformément à ce qu'en a dict le bon Iob :

Per somnium in visione nocturna quando irruit sopor super homines et dormiunt in lectulo : tunc aperit aures virorum et erudiens eos instruit disciplina. c. 33.

Faict ce cinquiesme Septembre.

ESTAT GENERAL DES AFFAIRES

Comme nous acquerons bien plus de connaissance de la Geographie par l'aspect d'vn petit globe terrestre, qu'en jettant la veuë sur la realité de ce vaste élément, dont le premier n'est que la figure : pour ce que nos yeux n'appercevans à la fois qu'vne portion de terre, ne peuvent assembler toutes les piéces dont le rapport est necessaire à cette science : Ainsi, pour devenir sçavans aux affaires du monde, il ne doit pas suffire de sçavoir, ni mesmes de voir avec toute la curiosité requise, ce qui se passe en quelque lieu particulier ; Il nous faut faire en abregé vne reveuë generale de l'estat des affaires de chacune année, comme ici de la derniere, pour mieux juger des suivantes.

Le Turc recónoissant que le plus asseuré progrez de sa Monarchie en deçà, a tousjours esté la discorde de la Chrestienté, et ne l'ayant jamais veuë si desunie et si foible qu'elle est à present : lui pouvant à grand'peine opposer des armées de quinze à vingt mil hômes, au lieu de soixâte et quatre vingt mille qu'elle pouvoit mettre sur pied il y a vingt ans : apres n'avoir pas moins enflé ses esperances que son épargne par la paix que les Venitiens lui ont demandée, et qu'il a donnée à la Perse : aiguize à ce coup ses effroyables armes contre les Chrestiens : en ce point seulement irrésolu ou fort secret, qu'il ne donne pas encor à connoistre s'il commencera tout de bon par la Hongrie, par l'Italie ou par la Pologne.

Le Roy de Perse, se voyant pressé par le grand Mogor, qui lui fait puissamment la guerre du costé des Indes, a fait ject dans la tourmente, et sauve la plus grande partie de son Royaume en perdant la moindre.

Les Tartares et Moscovites s'entretenans en paix, tandis qu'ils voyent l'Alemagne noyée dans son sang, les desordres, les crüautez qui s'y exercent et tant de maisons ruinées pour en élever vne, cédent volontiers le nom et le titre de barbares et d'inhumains à ceux qui en font les actes.

Le Prince de Transsilvanie se ressentant des injures anciennes et modernes, mesmes de celle du chasteau d'Omat, que les Turcs lui ont naguéres brûlé, commance à joüer des mains, apres avoir long temps menacé sans fraper : ce qui ne laissoit pas moins en doute sa puissance que sa résolution, et rédoit tous les deux contemptibles.

Les Polonnois voyans que la maison d'Austriche doit profiter des imposts que leur Roy veut mettre sur eux, ont d'autant plus suspecte son estroite vnion avec elle, qu'ils prévoyent que cette intelligence les peut jetter en des guerres qu'ils veulent éviter.

La Süede extraordinairement travaillée chez soy de peste toute l'année passée, et ayant eu au dehors tousjours les ennemis en teste : par vne grandeur de courage familiere à cette indomptable nation, a résolu de continüer plus vigoureusement que jamais la guerre dans l'Empire, et y vanger puissamment la mort de son invincible Monarque et de tant de ses braves guerriers morts dans l'Alemagne : Cependant que le Mareschal Banier, aussi peu ébranlé des promesses que des menaces de l'ennemi, attend de pied ferme l'arrivée dont il est averti de longue-main des Generaux Picolomini et Hazfeld : montrant bien par là qu'il est résolu de les combattre, ou par la faim et les miseres ausquelles il a fait succomber l'armée de Galas, ou en bataille rangée : mais découvrant partout la foiblesse de la maison d'Austriche : laquelle apres avoir desbauché vne grande partie de ceux dont le parti du Roy de Süede estoit composé, n'a pû empescher avec toutes ses forces, que ce Mareschal n'ait tousjours maintenu l'hôneur de la Couronne qui lui a mis les armes en main.

Le Roy de Hongrie, auquel on dispute plus que jamais l'Empire, qu'il continüe de ruiner par l'opiniastreté invincible de ses Conseillers, reconnoit trop tard le préjudice que luy a fait son affection démesürée envers l'Espagne, apuyant par tout ses desseins : sans autre succez que de voir ses peines, son credit et ses finances perduës et converties en quartos ou monnoye de cuïvre : voire sans qu'il paroisse aucune ressource à tant de maux, sinon dans la paix qu'il a tousjours refusée.

Le Cardinal Infant apprend par la perte de Hesdin quelles conquestes la Flandre se doit promettre : toutes ses forces se trouvans assez empeschées à la seule defense du reste.

Rome a sceu par ses Nonces combien il lui sera vtile et honorable que l'on y conserve inviolablement le titre d'arbitre et de perè commun.

Le Roy de la grand' Bretagne ayant experimenté que tous les peuples ne se gouvernent pas de même façon, est en fin resolu de consentir à vn Parlement ou tenuë des Estats, pour y terminer toutes les difficultez où l'ont jetté les résolutions des Escossois, toujours portez à n'avoir point d'Evesques.

Les Holandois apres quelques legeres pertes de vaisseaux, ont en fin remporté aux Dunes d'Angleterre sur la flotte d'Espagne la plus memorable victoire de nostre âge.

Le Roy de Dannemark voyant tous ses voisins empeschez ailleurs, se sert de l'occasion pour accroistre son revenu.

L'Espagne experimente que la mediocrité est la plus seure : puisqu'au lieu d'avancer plus outre, suivant la devise d'vn de ses Rois, elle void toutes les forces de ses grands Estats à peine suffire à la conservation de ses frontiéres, et les rudes assauts de ceux qu'elle ataquoit ces années dernieres, avoir tellement humilié ses desseins, qu'au lieu qu'ils n'aspiroient qu'à la possession entiére du monde, ou du moins de cet hemisphere, elle conte pour vn grand bon-heur d'avoir sauvé cette année les Indes Occidentales, la Biscaye, le Duché de Gueldres, la Flandre et le Luxembourg : ayant naguéres encor esté contrainte d'enroller jusques aux Prestres et aux escoliers tirez du fonds de l'Espagne dans le Roussillon pour y disputer moins de sa terre que n'en contient la place Royale.

Les Grizons, bien qu'ils ayent esté long-temps à conclure vne alliance avec les Espagnols, n'en ont pas eu toutesfois encor assez pour se résoudre s'ils ont fait bien ou mal.

Les Suisses voyans tous leurs voisins en armes, augmentent leur ancien soupçon qu'on en veuille à leur liberté : se défians également de ceux qui recherchent leur amitié et qui la méprisent.

Le Piémont décheu de son antique splendeur par la nouvelle trahison de ses habitans, respire apres son r'establissement ; qu'il peut d'autant plustost voir cette année par les armes du Roy, que le téps reveillera quelque synderese dans les cõsciences des rebelles, ou que les Princes et Estats d'Italie revenus de leur assoupissement, ouvriront les yeux au mal commun et au feu d'vne maison voisine.

L'Electeur de Saxe, bien qu'il n'espere plus d'autre salut qu'à n'en plus espérer, ne se peut résoudre ni à quiter ni à mieux gouverner son vaisseau.

Celui de Brandebourg continüant ses pertes, continuë aussi de s'éloigner de ses sujets, pour ne sçavoir que respódre à leurs plaintes.

La maison Palatine cherchant son salut d'où elle ne le doit point attendre, se précipite en de nouveaux malheurs ; et trouve plus de personnes qui parlent pour elle, que d'autres qui se soient mis en peine de la r'establir.

La Boheme, qui fut l'année passée le theatre de la guerre d'Alemagne, doit estre cette-ci le jeu de prix et le butin pour lequel l'Austriche et la Süede s'entrebatent.

L'Electeur de Mayence, aussi des plus incommodez de cette guerre, donne en vain la paix pour mot du guet à l'Assemblée ou Diète Electorale qu'il convoque : peu de personnes le voulans oüir ; les vns pour n'ozer en tesmoigner leur desir, de crainte de rendre par là leur ennemi plus fier ; les autres pour n'en vouloir point tout à fait.

Celui de Cologne, qui aime les affaires, en a trouvé en Westphalie de la part des Süedois et Hessiens : les Liégeois luy en ont donné dans leur païs et le sien, comme font à présent les François sur la Mozelle.

Celui de Tréves est tousjours à Vienne, ne sçachant lui-mesme s'il est libre ou prisonnier, pour ce qu'il n'est en effet ni l'vn ni l'autre.

Le Duc de Neubourg ne voulant, ou plustost ne pouvant pas entretenir vne armée pour la défense de son païs, le laisse manger par vne estrangére.

Le Duc de Lunebourg demeurant sur la simple deffensive, comme il irrite moins ses ennemis, fait aussi moins d'amis.

Les Hessiens traitans tousjours de neutralité, et ne pouvans conclure, font craindre que leurs ennemis ne trouvent plus d'avantage qu'eux en cette indifférence.

La basse Saxe, et principalement les villes maritimes, pour s'estre maintenuës en bonne correspondance avec les Rois, Princes et Estats voisins, ont paisiblement joüy de cette neutralité : tandis que la Turinge, Misnie, Franconie, Veteravie, le haut et le bas Palatinat ont beaucoup pâti pour n'en avoir pas fait de mesme.

Cette armée triomphante à qui le feu Duc de Weimar son Géneral, souz les heureux auspices d'vn mesme Monarque, inspire encor le mesme bon-heur que le Roy de Süede fit autresfois à la sienne, s'est emparée de tout le bas Palatinat, et passe maintenant le Rhin pour élargir ses quartiers d'hiver, qui n'en ont que le nom : les nations guerrieres qui l'a composent ne trouvans point d'hiver qui leur engourdisse les bras.

La FRANCE auroit bien assez de quoi se côtenter de la réputation qu'elle s'est aquise par tout le monde, d'avoir pû renvoyer la guerre chez ses ennemis, leur ayant osté les moyens d'entamer la moindre de ses frontières : Mais l'Espagne ne peut taire son étonnement par l'entrée des François dans le Roussillon, où ils ont pris Salces presque en autant de semaines, que les ennemis ont desja employé de mois à le r'avoir, et où les nostres ont tout vaincu dedans et dehors, excepté les elémens, et côbatoient encor au cômancement de cette année la necessité par le seul desir de la gloire. L'Italie dira le ravitaillement de Cazal et la bataille de la Route : le Païs-bas, la prise de Hesdin : l'Alemagne, la côqueste de Brisac. Tout cela couróné d'vne parfaite santé du Roy et de celle de son Daufin, le plus grand et le plus bel enfant de son aage : Voire tous ces avantages conduits par vne telle prudence que la sienne et celle de son premier Ministre, ne sont-ce pas de belles pierres d'attente pour une paix glorieuse ? — (*Du Bureau d'Adresse, le* 17 *Ianvier* 1640.)

TABLE

NOMS DE LIEUX CITÉS.

Aire, 19. — Anvin (château d'), 17. — Arras. Projet d'écrire l'histoire de cette ville, 5. — Etymologie burlesque, 65. — Franchises et Priviléges, 5. — Tapisseries, 6. — Confrérie des Ardents, la Manne, 67, 70. — Commerce et Industrie, 6. — Dame blessée au siége, 25. — Les Chats et les Rats, 65. — Artésien (Caractère), 5. — Artésiens (les) sous Louis XI et sous les Espagnols, 6-7. — Aubigny, 25. — Avesnes-le-Comte, 28. — Bapaume, 19, 20. — Beaufort, 34, 40. — Béthune, 19, 20. — Bruay, 8. — Bucquoy (Tour de), 20, 32. — Frémicourt, 28. — Hesdin, 8, 17. — Mont-Saint-Eloy, 8, 21, 26. — Nédonchel, 8. — Etc.

NOMS D'HOMMES CITÉS.

Aiguebère (d'). — Anfreville. — Aubry. — Aumont (comte d'). — Barat (de). — Bautru (de). — Bouillon. — Bossu. — Brancas (de). — Breauté. — Bucquoy (comte de). — Buel (Eug.), colonel irlandais. — Brezé (maréchal de). — Cantelmo, général espagnol. — Charost (comte de). — Chatillon (maréchal de). — Chaulnes (maréchal de). — Chaumont (baron de). — Chiverny. — Coaslin. — Cominges. — Coulanges (de). — Courtanvaux (marquis de). — Cyrille (P.), récollet. — Dronel (abbé de). — Egenfeld (baron). — Enghien (duc d'). — Erigni (d'). — Faverolles (de). — Feuquières (de). — Fontaclara (comte de). — Fors (marquis de), maître de camp. — Fontrailles (de). — Fuelsandaigne (comte de). — Fuentes (comte de). — Gassion. — Gesvres (marquis de). — Grandville (comte de). — Guiche (comte de). — Gransé (comte de), maréchal de camp. — Hallier (du). — Harcourt (comte d'). — Hoogstraten (comte de), 17. — Isembourg (comte d'). — La Ferté Imbaut. — Lamboy. — La Meilleray (maréchal de). — La Mothe. — La Rochegiffard. — Lèdel (marquis de). — Leschelle (de). — Lucmet. — Luynes (duc de). — Mercœur (de). — Mérode (de). — Miremont. — Monbas (vicomte de). — Montbarot. — Montigny (de). — Norvilliers, 22. — Nanteuil (comte de). — Neufvillette, 22. — Oisy (baron d'). — O' Neil. — Ort (baron d'). — Oquendo (amiral). — Pienne (marquis de). — Pouillac (de). — Radrets (baron de). — Rantzau. — Rochepot (de la). — Rœux (comte de). — Ronserolles. — Roullerie (de la). — Saint-Luc. — Saint-Preuil. — Saligny (de). — Saugeon (de). — Silva (Don de). — Tour (baron du). — Turenne (vicomte de). — Du Val, sieur de Berles et sa courageuse conduite pendant le siège, 10. — Varembon (marquis de). — Vaux (de). — Velade (marquis de) — Vigean (baron du). — Villerval (comte de). — Vosque (Al. de). — Wilde (comte de). — With, vice-amiral. — Etc.

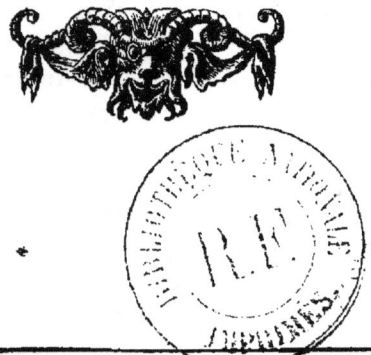

Arras, imp. H. Schoutheer, rue des Trois-Visages, 53.

www.ingramcontent.com/pod-product-compliance
Lightning Source LLC
Chambersburg PA
CBHW070319100426
42743CB00011B/2476